ROME SAUVÉE
OU
CATILINA,
TRAGÉDIE
DE Mr. DE VOLTAIRE,

REPRÉSENTÉE A PARIS
EN FEVRIER MDCCLII.

NOUVELLE EDITION,
Suivant la Copie Originale, publiée par l'Auteur, & Augmentée d'une
PRÉFACE.

A DRESDE,

Et se vend à GENEVE
Chez ANTOINE PHILIBERT
Libraire au Perron.

MDCCLIII.

AVIS AU LECTEUR.

CEtte Piéce est fort différente de celle qui parut il y a plus d'un an, en 1752. à Paris sous le même titre. Des copistes l'avoient transcrite aux représentations, & l'avoient toute défigurée. Leurs omissions étaient remplies par des mains étrangeres. Il y avoit une centaine de vers qui n'étaient pas de l'Auteur. On fit de cette copie infidele une édition furtive. Cette Edition étoit défectueuse d'un bout à l'autre, & on ne manqua pas de l'imiter en Hollande avec beaucoup plus de fautes encore. L'Auteur a soigneusement corrigé la présente Edition faite à Leipzik par son ordre & sous ses yeux, il y a même changé des scènes entieres. On ne cessera de répéter que c'est un grand abus que les Auteurs soient imprimés malgré eux. Un Libraire se hâte de faire une mauvaise Edition d'un livre, qui lui tombe entre les mains, & ce Libraire se plaint ensuite, quand l'Auteur auquel il a fait tort, donne son véritable ouvrage. Voilà où la Litterature en est réduite aujourd'hui.

iij

PRÉFACE.

Eux motifs ont fait choisir ce sujet de Tragédie qui paroit impraticable & peu fait pour les mœurs, pour les usages, la maniére de penser & le Théatre de Paris.

On a voulu essaier encor une fois par une Tragédie sans déclarations d'amour, de détruire les reproches que toute l'Europe Savante fait à la France de ne souffrir guéres au Théatre que les intrigues galantes, & on a eu sur-tout pour objet de faire connaitre *Ciceron* aux jeunes personnes qui fréquentent les spectacles.

Les grandeurs passées des Romains tiennent encor toute la terre attentive, & l'Italie moderne met une partie de sa gloire à

A ij

découvrir quelques ruines de l'ancienne. On montre avec respect la maison que Cicéron occupa. Son nom est dans toutes les bouches, ses écrits dans toutes les mains. Ceux qui ignorent dans leur patrie quel chef était à la tête de ses Tribunaux il y a cinquante ans, savent en quel tems Cicéron était à la tête de Rome. Plus le dernier siècle de la République Romaine a été bien connu de nous, plus ce grand homme a été admiré. Nos nations modernes trop tard civilisées ont eû long-tems de lui des idées vagues ou fausses. Ses ouvrages servaient à notre éducation ; mais on ne savait pas jusqu'à quel point sa personne était respectable. L'Auteur étoit superficiellement connu, le Consul était presque ignoré. Les lumiéres que nous avons acquises, nous ont appris à ne lui comparer aucun des hommes, qui se sont mêlés du Gouvernement & qui ont prétendu à l'Eloquence.

Il semble que Cicéron auroit été tout ce qu'il aurait voulu être. Il gagna une bataille dans les gorges d'*Issus* où *Alexandre* avait vaincu les Perses. Il est bien vraisem-

PRÉFACE.

blable, que s'il s'était donné tout entier à la guerre, à cette profession qui demande un sens droit & une extrême vigilance, il eût été au rang des plus illustres Capitaines de son siécle ; mais comme *César* n'eût été que le second des Orateurs, *Ciceron* n'eût été que le second des Généraux. Il préféra à toute autre gloire celle d'être le pére de la maitresse du monde, & quel prodigieux mérite ne fallait-il pas à un simple Chevalier d'*Arpinum* pour percer la foule de tant de grands hommes, pour parvenir sans intrigue à la premiére place de l'univers, malgré l'envie de tant de Patriciens, qui régnaient à Rome ?

Ce qui étonne sur-tout, c'est que dans le tumulte & les orages de sa vie, cet homme toujours chargé des affaires de l'Etat & de celles des particuliers, trouvât encore du tems pour être instruit à fonds de toutes les sectes des Grecs, & qu'il fût le plus grand Philosophe des Romains, aussi bien que le plus éloquent. Y a-t-il dans l'Europe beaucoup de Ministres, de Magistrats, d'Avocats même un peu employés, qui puissent, je ne dis pas expliquer les admirables découvertes de *Newton* & les idées de *Leibnitz*, comme *Ciceron* rendait compte des principes de *Zénon*, de *Platon* & d'*Epicure*, mais qui puissent répondre à une question profonde de Philosophie ?

Ce que peu de personnes savent, c'est que *Ciceron* était encor un des premiers Poëtes d'un siécle où la belle Poësie commençait à naitre. Il balançait la réputation de *Lucréce*. Y a-t-il rien de plus beau que ces vers qui nous sont restés de son Poëme sur *Marius*, & qui font tant regretter la perte de cet ouvrage ?

Sic Jovis altisoni subito pennata satelles
Arboris è trunco serpentis saucia morsu
Subjugat ipsa feris transfigens inguibus anguem
Semianimum, & varia graviter cervice micantem,
Quem se intorquentem lanians rostroque cruentans,
Jam satiata animos, jam duros ulta dolores
Abjicit efflantem, & moribundum affligit in unda.

PRÉFACE.

Je suis de plus en plus perfuadé que notre langue eſt impuiſſante à rendre l'harmonieuſe énergie des Vers Latins comme des Vers Grecs ; mais j'oſerai donner une legére eſquiſſe de ce petit tableau peint par le grand homme que j'ai oſé faire parler dans Rome ſauvée, & dont j'ai imité en quelques endroits les *Catilinaires*.

Tel on voit cet oiſeau qui porte le tonnerre
Bleſſé par un ſerpent élancé de la terre :
Il s'envole, il entraîne au ſéjour azuré
L'ennemi tortueux dont il eſt entouré.
Le ſang tombe des airs, il déchire, il dévore
Le reptile acharné qui le combat encore,
Il le perce, il le tient ſous ſes ongles vainqueurs,
Par cent coups redoublés il vange ſes douleurs.
Le monſtre en expirant ſe débat, ſe replie,
Il exhale en poiſons les reſtes de ſa vie ;
Et l'aigle tout ſanglant, fier & victorieux,

Le rejette en fureur & plane en haut des cieux.

Pour peu qu'on ait la moindre étincelle de gout, on appercevra dans la faiblesse de cette copie la force du pinceau de l'original. Pourquoi donc *Ciceron* passe-t-il pour un mauvais Poëte ? Parce qu'il a plu à *Juvénal* de le dire, parce qu'on lui a imputé un vers ridicule :

O fortunatam natam me consule Romam!
C'est un Vers si mauvais que le traducteur qui a voulu en exprimer les défauts en Français n'a pu même y réussir :

O Rome fortunée sous mon consulat née
ne rend pas à beaucoup près le ridicule du Vers Latin.

Je demande s'il est possible que l'Auteur du beau morceau de Poësie que je viens de citer, ait fait un Vers si impertinent ? Il y a des sottises qu'un homme de génie & de sens ne peut jamais dire. Je m'imagine que le préjugé qui n'accorde presque jamais deux genres à un seul homme, fit croire *Ciceron* incapable de la Poësie quand il y eut renoncé. Quelque mauvais plaisant,

PRÉFACE.

quelque ennemi de la gloire de ce grand homme imagina ce Vers ridicule & l'attribua à l'Orateur, au Philosophe, au Pére de Rome. *Juvénal* dans le siécle suivant adopta ce bruit populaire & le fit passer à la postérité dans ses déclamations satiriques, & j'ose croire que beaucoup de réputations bonnes ou mauvaises se sont ainsi établies.

On impute par exemple au Pere *Mallebranche*, ces deux vers :

Il fait en ce beau jour le plus beau tems du monde

Pour aller à cheval sur la terre & sur l'onde.

On prétend qu'il les fit pour montrer qu'un Philosophe peut, quand il veut, être Poëte. Quel homme de bon sens croira que le Pére *Mallebranche* ait fait quelque chose de si absurde ? Cependant, qu'un Ecrivain d'Anecdotes, un Compilateur Littéraire transmette à la postérité cette sottise, elle s'accréditera avec le tems, & si le Pere *Mallebranche* était un grand homme, on dirait un jour : Ce grand homme devenait un fot quand il était hors de fa fphére.

On a reproché à *Ciceron* trop de fenfibilité, trop d'affliction dans fes malheurs. Il confie fes juftes plaintes à fa femme & à fon ami, & on impute à lâcheté fa franchife. Le blâme qui voudra, d'avoir repandu dans le fein de l'amitié les douleurs qu'il cachait à fes perfécuteurs. Je l'en aime d'avantage. Il n'y a guéres que les ames vertueufes de fenfibles. *Ciceron* qui aimait tant la gloire, n'a point ambitionné celle de vouloir paraitre ce qu'il n'était pas. Nous avons vû des hommes mourir de douleur pour avoir perdu de très petites places après avoir affecté de dire qu'ils ne les regrettaient pas; quel mal y-a-t-il donc à avoüer à fa femme & à fon ami, qu'on eft fâché d'être loin de *Rome* qu'on a fervie, & d'être perfécuté par des ingrats & par des perfides ? Il faut fermer fon cœur à fes tirans, & l'ouvrir à ceux qu'on aime.

Ciceron était vrai dans toutes fes démarches, il parlait de fon affliction fans honte, & de fon goût pour la vraie gloire fans détour. Ce caractére eft à la fois na-

PRÉFACE.

turel, haut & humain. Préférerait-on la politique de *Céfar*, qui dans ses Commentaires dit qu'il a offert la paix à *Pompée*, & qui dans ses Lettres avouë qu'il ne veut pas la lui donner? *Céfar* était un grand homme; mais *Ciceron* était un homme vertueux.

Mais que ce Conful ait été un bon Poëte, un Philofophe qui favoit douter, un Gouverneur de Province parfait, un Général habile; que fon ame ait été fenfible & vraie, ce n'eft pas là le mérite dont il s'agit ici. Il fauva *Rome* malgré le Senat, dont la moitié était animée contre lui par l'envie la plus violente. Il fe fit des ennemis de ceux-même dont il fut l'oracle, le liberateur & le vangeur. Il prépara fa ruine par le fervice le plus fignalé que jamais homme ait rendu à fa patrie. Il vit cette ruine & il n'en fut point effraié. C'eft ce qu'on a voulu repréfenter dans cette Tragédie: c'eft moins encore l'ame farouche de *Catilina* que l'ame génereufe & noble de *Ciceron* qu'on a voulu peindre.

Nous avons toujours cru, & on s'était

confirmé plus que jamais dans l'idée, que *Ciceron* eſt un des Caractéres qu'il ne faut jamais mettre ſur le Théatre. Les *Anglais* qui hazardent tout, ſans même ſavoir qu'ils hazardent, ont fait une Tragédie de la Conſpiration de *Catilina*. *Ben-Jonſon* n'a pas manqué dans cette Tragédie Hiſtorique de traduire ſept ou huit pages des *Catilinaires*, & même il les a traduites en Proſe, ne croiant pas que l'on pût faire parler *Ciceron* en Vers. La Proſe du Conſul & les Vers des autres perſonnages font à la vérité un contraſte digne de la barbarie du ſiécle de *Ben-Jonſon*; mais pour traiter un ſujet ſi ſévére, ſi dénué de ces paſſions qui ont tant d'empire ſur le cœur, il faut avoüer qu'il fallait avoir à faire à un peuple ſérieux & inſtruit, digne en quelque ſorte qu'on mit ſous ſes yeux l'ancienne *Rome*.

Je conviens que ce ſujet n'eſt guéres Théatral pour nous, qui aiant beaucoup plus de goût, de décence, de connaiſſance du Théatre, que les *Anglais*, n'avons généralement pas des mœurs ſi fortes. On

PRÉFACE. XIII

ne voit avec plaisir au Théatre que le combat des passions qu'on éprouve soi même ; ceux qui sont remplis de l'étude de *Ciceron* & de la République Romaine, ne sont pas ceux qui fréquentent les Spectacles. Ils n'imitent point *Ciceron* qui y était assidu. Il est étrange qu'ils prétendent être plus graves que lui. Ils sont seulement moins sensibles aux Beaux Arts, ou retenus par un préjugé ridicule. Quelques progrès que ces Arts aient fait en *France*, les hommes choisis qui les ont cultivés n'ont point encor communiqué le vrai goût à toute la nation. C'est que nous sommes nés moins heureusement que les Grecs & les Romains. On va aux Spectacles plus par oisiveté que par un véritable amour de la Litterature.

Cette Tragédie paraît plutôt faite pour être luë par les amateurs de l'Antiquité que pour être vuë par le Parterre. Elle y fut à la vérité aplaudie, & beaucoup plus que *Zaïre*, mais elle n'est pas d'un genre à se soutenir comme *Zaïre* sur le Théatre. Elle est beaucoup plus fortement é-

crite ; & une feule fcène entre *Céfar* &
Catilina était plus difficile à faire, que la
plufpart des pieces où l'amour domine.
Mais le cœur ramène à ces piéces ; & l'admiration pour les anciens Romains s'épuife bien tot. Perfonne ne confpire aujourd'hui, & tout le monde aime.

D'ailleurs les repréfentations de *Catilina*
exigent un trop grand nombre d'Acteurs,
un trop grand appareil.

Les Savants ne trouveront pas ici une
hiftoire fidéle de la Conjuration de *Catilina*. Ils font affez perfuadés qu'une Tragédie n'eft pas une Hiftoire ; mais ils y
verront une peinture vraie des mœurs de
ce tems-là. Tout ce que *Ciceron*, *Catilina*,
Caton, *Céfar* ont fait dans cette piéce n'eft
pas vrai ; mais leur génie & leur caractére y font peints fidélement.

Si on n'a pû y développer l'Eloquence
de *Ciceron*, on a du moins étalé toute fa
vertu & tout le courage qu'il fit paraitre
dans le péril. On a montré dans *Catilina*
ces contraftes de férocité & de féduction
qui formaient fon caractére ; on a fait

PRÉFACE.

voir *César* naiſſant, factieux & magnanime, *César* fait pour être à la fois la gloire & le fléau de *Rome*.

On n'a point fait paraître les Députés des *Allobroges*, qui n'étaient point des Ambaſſadeurs de nos *Gaules*, mais des Agens d'une petite Province d'*Italie*, ſoûmiſe aux *Romains*, qui ne firent que le perſonnage de délateurs, & qui par là ſont indignes de figurer ſur la ſcéne avec *Ciceron*, *Céſar* & *Caton*.

Si cet ouvrage paraît au moins paſſablement écrit, & s'il fait connaitre un peu l'ancienne *Rome*, c'eſt tout ce qu'on a prétendu, & tout le prix qu'on attend.

PERSONNAGES.

CICERON.   CRASSUS.
CESAR.   CLODIUS.
CATILINA.   CETHEGUS.
AURELIE.   LENTULUS-SURA.
CATON.   CONJURE'S.
LUCULLUS.   LICTEURS.

Le Théatre repréfente d'un coté le Palais d'Aurélie, de l'autre le Temple de Tellus, où s'affemble le Senat. On voit dans l'enfoncement une galerie qui communique à des fouterrains qui conduifent du Palais d'Aurélie au veftibule du Temple.

ACTE

ACTE I.

SCENE I.

CATILINA.

(*Soldats dans l'enfoncement.*)

RATEUR insolent qu'un vil peuple seconde,
Assis au premier rang des souverains du monde,
Tu vas tomber du faîte où *Rome* t'a placé.
Infléxible *Caton*, vertueux insensé,
Ennemi de ton siécle, esprit dur & farouche,
Ton terme est arrivé, ton imprudence y touche.
Fier sénat de tyrans, qui tiens le monde aux fers,
Tes fers sont préparés, tes tombeaux sont ouverts.
Que ne puis-je en ton sang, impérieux *Pompée*,
Eteindre de ton nom la splendeur usurpée !
Que ne puis-je opposer à ton pouvoir fatal
Ce *César* si terrible & déja ton égal ?
Quoi ! *César* comme moi factieux dès l'enfance
Avec *Catilina* n'est pas d'intelligence ?
Mais le piége est tendu, je prétends qu'aujourd'hui

Le trône qui m'attend soit préparé par lui;
Il faut emploier tout, jusqu'à *Cicéron* même;
Ce *César* que je crains, mon épouse que j'aime.
Sa docile tendresse en cet affreux moment
De mes sanglans projets est l'aveugle instrument.
Tout ce qui m'apartient doit être mon complice.
Je veux que l'amour même à mon ordre obéisse.
Titres chers & sacrés & de pére & d'époux,
Faiblesses des humains, évanouissez-vous.

SCENE II.

CATILINA, CETHEGUS.

(*Affranchis & Soldats dans le lointain.*)

CATILINA.

EH bien! cher *Céthégus*, tandis que la nuit sombre
Cache encor nos destins & *Rome* dans son ombre,
Avez-vous réuni les chefs des conjurés ?

CETHEGUS.

Ils viendront dans ces lieux du Consul ignorés;
Sous ce portique même & près du temple impie
Où domine un sénat tyran de *l'Italie*.
Ils ont renouvellé leurs sermens & leur foi;
Mais tout est-il prévu, *César* est-il à toi ?
Seconde-t-il enfin *Catilina* qu'il aime ?

CATILINA.

Cet esprit dangereux n'agit que pour lui-même;

TRAGEDIE.

CETHEGUS.

Conspirer sans *César* !

CATILINA.

Ah, je l'y veux forcer.
Dans ce piége sanglant je veux l'embarasser.
Mes soldats en son nom vont surprendre *Préneste*.
Je sai qu'on le soupçonne, & je répons du reste.
Ce Consul violent va bientôt l'accuser,
Pour se vanger de lui *César* peut tout oser.
Rien n'est si dangereux que *César* qu'on irrite ;
C'est un lion qui dort & que ma voix excite.
Je veux que *Cicéron* réveille son courroux,
Et force ce grand homme à combattre pour nous.

CETHEGUS.

Mais *Nonnius* enfin dans *Préneste* est le maître.
Il aime la patrie, & tu dois le connaître.
Tes soins pour le tenter ont été superflus,
Que faut-il décider du sort de *Nonnius* ?

CATILINA.

Je t'entends, tu sais trop que sa fille m'est chére.
Ami, j'aime *Aurélie* en détestant son pére.
Quand il sçut que sa fille avait conçu pour moi
Ce tendre sentiment qui la tient sous ma loi ;
Quand sa haine impuissante & sa colére vaine
Eurent tenté sans fruit de briser notre chaine ;
A cet himen secret quand il a consenti,
Sa faiblesse a tremblé d'offenser son parti.
Il a craint *Cicéron* ; mais mon heureuse adresse

B ij

Avance mes desseins par sa propre faiblesse.
J'ai moi-même exigé par un serment sacré
Que ce nœud clandestin fut encor ignoré.
Céthégus & *Sura* sont seuls dépositaires
De ce secret utile à nos sanglans mistéres.
Le palais d'*Aurélie* au temple nous conduit;
C'est-là qu'en sureté j'ai moi-même introduit
Les armes, les flambeaux, l'apareil du carnage;
De nos vastes succès mon himen est le gage.
Vous m'avez bien servi; l'amour m'a servi mieux,
C'est chez *Nonnius* même, à l'aspect de ses dieux,
Sous les murs du Sénat, sous sa voute sacrée
Que de tous nos tyrans la mort est préparée.

(*Aux conjurés qui sont dans le fond*)

Vous, courez dans *Préneste*, où nos amis secrets
Ont du nom de *César* voilé nos intérêts;
Que *Nonnius* surpris ne puisse se défendre.
Vous, près du Capitole allez soudain vous rendre:
Songez qui vous servez, & gardez vos sermens.

(à *Céthégus*)

Toi, conduis d'un coup d'œil tous ces grands mouvemens.

SCENE III.

AURELIE, CATILINA.

AURELIE.

AH! calmez les horreurs dont je suis poursuivie,
Cher époux, essuiez les larmes d'*Aurélie*.

Quel trouble, quel spectacle, & quel reveil affreux !
Je vous suis en tremblant sous ces murs ténébreux.
Ces soldats que je vois redoublent mes alarmes.
On porte en mon palais des flambeaux & des armes !
Qui peut nous menacer ? les jours de *Marius*,
De *Carbon*, de *Sylla* sont-ils donc revenus ?
De ce front si terrible éclaircissez les ombres.
Vous détournez de moi des yeux tristes & sombres.
Au nom de tant d'amour, & par ces nœuds secrets
Qui joignent nos destins, nos cœurs, nos intérêts,
Au nom de notre fils dont l'enfance est si chére ;
(Je ne vous parle point des dangers de sa mére
Et je ne vois hélas ! que ceux que vous courez)
Aiez pitié du trouble où mes sens sont livrés :
Expliquez vous.

CATILINA.

Sachez que mon nom, ma fortune,
Ma sureté, la vôtre & la cause commune
Exigent ces aprêts qui causent votre effroi.
Si vous daignez m'aimer, si vous êtes à moi,
Sur ce qu'ont vû vos yeux observez le silence.
Des meilleurs Citoïens j'embrasse la défense.
Vous voiez le Sénat, le peuple divisés ;
Une foule de Rois l'un à l'autre opposés.
On se menace, on s'arme ; & dans ces conjonctures
Je prends un parti sage & de justes mesures.

AURELIE.

Je le souhaite au moins. Mais me tromperiez-vous ?
Peut-on cacher son cœur aux cœurs qui sont à nous ?

B iij

En vous justifiant vous redoublez ma crainte.
Dans vos yeux égarés trop d'horreur est empreinte.
Ciel! que fera mon pére alors que dans ces lieux
Ces funestes apprêts viendront fraper ses yeux ?
Souvent les noms de fille & de pére & de gendre
Lorsque Rome a parlé n'ont pu se faire entendre.
Notre himen lui déplut, vous le savez assez.
Mon bonheur est un crime à ses yeux offensés.
On dit que *Nonnius* est mandé de *Préneste.*
Quels effets il verra de cet himen funeste !
Cher époux, quel usage affreux, infortuné
Du pouvoir que sur moi l'amour vous a donné !
Vous avez un parti! mais *Cicéron,* mon pére,
Caton, Rome, les Dieux sont du parti contraire,
Peut-être *Nonnius* vient vous perdre aujourd'hui.

CATILINA.

Non, il ne viendra point, ne craignez rien de lui.

AURELIE.

Comment ?

CATILINA.

Aux murs de *Rome* il ne pourra se rendre
Que pour y respecter & sa fille & son gendre.
Je ne peux m'expliquer; mais souvenez vous bien
Qu'en tout, son intérêt s'accorde avec le mien.
Croiez, quand il verra qu'avec lui je partage
De mes justes projets le premier avantage,
Qu'il sera trop heureux d'abjurer devant moi
Les superbes tirans dont il reçut la loi.

TRAGEDIE. 23

Je vous ouvre à tous deux, (& vous devez m'en
  croire.)
Une source éternelle & d'honneurs & de gloire.

AURELIE.

La gloire est bien douteuse, & le péril certain.
Que voulez-vous ? pourquoi forcer votre destin ?
Ne vous suffit-il pas dans la paix, dans la guerre,
D'être un des Souverains sous qui tremble la terre ?
Pour tomber de plus haut où voulez-vous monter ?
De noirs pressentimens viennent m'épouvanter.
J'ai trop chéri le joug où je me suis soumise.
Voilà donc cette paix que je m'étais promise,
Ce repos de l'amour que mon cœur a cherché.
Les Dieux m'en ont punie, & me l'ont arraché ;
Dès qu'un leger sommeil vient fermer mes paupiéres
Je vois *Rome* embrasée & des mains meurtrieres,
Des supplices, des morts, des fleuves teints de sang,
De mon pére au Sénat je vois percer le flanc,
Vous même environné d'une troupe en furie
Sur des monceaux de morts exhalant votre vie ;
Des torrens de mon sang répandus par vos coups ;
Et votre Epouse enfin mourante auprès de vous.
Je me léve, je fuis ces images funebres,
Je cours, je vous demande au milieu des ténébres,
Je vous retrouve hélas ! & vous me replongez
Dans l'abîme des maux qui me sont présagés.

CATILINA.

Allez, *Catilina* ne craint point les augures ;

B iiij

Et je veux du courage & non pas des murmures ?
Quand je fers & l'Etat, & vous, & mes amis.

AURELIE.

Ah cruel ! est-ce ainsi que l'on sert son païs ?
J'ignore à quels desseins ta fureur s'est portée ;
S'ils étaient généreux, tu m'aurais consultée.
Nos communs intérêts semblaient te l'ordonner.
Si tu feins avec moi, je dois tout soupçonner.
Tu te perdras ; déja ta conduite est suspecte
A ce Consul sévére & que *Rome* respecte.

CATILINA.

Ciceron respecté ! lui ? mon lâche rival ?

SCENE IV.

CATILINA, AURELIE, MARTIAN *l'un des Conjurés.*

MARTIAN.

Seigneur, *Ciceron* vient près de ce lieu fatal :
Par son ordre bientôt le Sénat se rassemble ;
Il vous mande en secret.

AURELIE.

Catilina ! je tremble
A cet ordre subit, à ce funeste nom.

CATILINA.

Mon épouse trembler au nom de *Cicéron* !
Que *Nonnius* séduit le craigne & le révére ;

TRAGEDIE.

Qu'il déshonore ainsi son rang, son caractére,
Qu'il serve, il en est digne, & je plains son erreur.
Mais de vos sentimens j'attends plus de grandeur.
Allez, souvenez vous que vos nobles ancêtres
Choisissaient autrement leurs Consuls & leurs Maî-
    tres.
Quoi, vous femme & Romaine, & du sang d'un Né-
    ron,
Vous seriez sans orgueil & sans ambition ?
Il en faut aux grands cœurs.

AURELIE.

              Tu crois le mien timide,
La seule cruauté te parait intrépide.
Tu m'oses reprocher d'avoir tremblé pour toi.
Le Consul va paraître, adieu, mais connais-moi.
Aprens que cette épouse à tes loix trop soumise,
Que tu devais aimer, que ta fierté méprise,
Qui ne peut te changer, qui ne peut t'attendrir,
Plus *Romaine* que toi, peut t'apprendre à mourir.

CATILINA.

Que de chagrins divers il faut que je dévore !
Ciceron que je vois est moins à craindre encore.

SCENE V.

CICERON *dans l'enfoncement.*
LE CHEF DES LICTEURS, CATILINA.

CICERON *(au chef des licteurs.)*

Suivez mon ordre, allez, de ce perfide cœur
Je prétends sans témoins sonder la profondeur.
La crainte quelquefois peut ramener un traitre.

CATILINA.

Quoi, c'est ce plébeien dont *Rome* a fait son maitre !

CICERON.

Avant que le Sénat se rassemble à ma voix ;
Je viens, *Catilina*, pour la derniere fois
Aporter le flambeau sur le bord de l'abîme
Où votre aveuglement vous conduit par le crime.

CATILINA.

Qui vous ?

CICERON.

Moi.

CATILINA.

C'est ainsi que votre inimitié....

CICERON.

C'est ainsi que s'explique un reste de pitié.
Vos cris audacieux, votre plainte frivole
Ont assez fatigué les murs du *Capitole.*
Vous feignez de penser que *Rome* & le Sénat

Ont avili dans moi l'honneur du Consulat.
Concurrent malheureux à cette place insigne,
Votre orgueil l'attendoit ; mais en étiez-vous digne?
La valeur d'un soldat, le nom de vos aieux,
Ces prodigalités d'un jeune ambitieux,
Ces jeux & ces festins qu'un vain luxe prépare,
Etaient-ils un mérite assez grand, assez rare
Pour vous faire espérer de dispenser des Loix
Au peuple Souverain qui régne sur les Rois?
A vos prétentions j'aurais cédé peut-être
Si j'avais vû dans vous ce que vous deviez être.
Vous pouviez de l'Etat être un jour le soutien.
Mais pour être Consul devenez Citoien.
Pensez-vous affaiblir ma gloire & ma puissance
En décriant mes soins, mon état, ma naissance?
Dans ces tems malheureux, dans nos jours cor-
    rompus
Faut-il des noms à *Rome*? il lui faut des vertus.
Ma gloire, (& je la dois à ces vertus sévéres)
Est de ne rien tenir des grandeurs de mes Péres.
Mon nom commence en moi ; de votre honneur
    jaloux
Tremblez que votre nom ne finisse dans vous.

CATILINA.

Vous abusez beaucoup, Magistrat d'une année,
De votre autorité passagére & bornée.

CICERON.

Si j'en avais usé vous seriez dans les fers,

Vous, l'eternel appui des Citoiens pervers ;
Vous qui de nos Autels souillant les priviléges
Portez jusqu'aux lieux saints vos fureurs sacriléges ;
Qui comptez tous vos jours & marquez tous vos pas,
Par des plaisirs affreux ou des assassinats,
Qui savez tout braver, tout oser & tout feindre.
Vous enfin qui sans moi seriez peut-être à craindre,
Vous avez corrompu tous les dons précieux
Que pour un autre usage ont mis en vous les dieux,
Courage, adresse, esprit, grace, fierté sublime,
Tout dans votre ame aveugle est l'instrument du crime.
Je détournais de vous des regards paternels,
Qui veillaient au destin du reste des mortels.
Ma voix que craint l'audace & que le faible implore
Dans le rang des *Verrès* ne vous mit point encore ;
Mais devenu plus fier par tant d'impunité
Jusqu'à trahir l'Etat vous avez attenté.
Le désordre est dans *Rome*, il est dans l'*Etrurie*.
On parle de *Préneste*, on souleve l'*Ombrie*.
Les soldats de *Sylla* de carnage altérés
Sortent de leur retraite aux meurtres préparés.
Mallius en Toscane arme leurs mains féroces.
Les coupables soutiens de vos complots atroces
Sont tous vos partisans déclarés ou secrets ;
Partout le nœud du crime unit vos intérêts.
Ah ! sans qu'un jour plus grand éclaire ma justice ;
Sachez que je vous crois leur chef ou leur complice,

Que j'ai partout des yeux, que j'ai partout des mains,
Que malgré vous encor il est de vrais Romains,
Que ce cortége affreux d'amis vendus au crime
Sentira comme vous l'équité qui m'anime.
Vous n'avez vû dans moi qu'un rival de grandeur;
Voiez y votre juge & votre accusateur,
Qui va dans un moment vous forcer de répondre
Au Tribunal des Loix qui doivent vous confondre,
Des Loix qui se taisaient sur vos crimes passés,
De ces Loix que je vange & que vous renversez.

CATILINA.

Je vous ai déja dit, Seigneur, que votre place
Avec *Catilina* permet peu cette audace.
Mais je veux pardonner des soupçons si honteux
En faveur de l'Etat que nous servons tous deux.
Je fais plus; je respecte un zéle infatigable,
Aveugle, je l'avoue, & pourtant estimable.
Ne me reprochez plus tous mes égaremens,
D'une ardente jeunesse impétueux enfans.
Le Sénat m'en donna l'exemple trop funeste;
Cet emportement passe & le courage reste.
Ce luxe, ces excès, ces fruits de la grandeur
Sont les vices du tems & non ceux de mon cœur;
Songez que cette main servit la République;
Que soldat en Asie & juge dans l'Afrique
J'ai malgré nos excès & nos divisions
Rendu *Rome* terrible aux yeux des Nations;

Moi je la trahirais, moi qui l'ai sçu déffendre ?
CICERON.
Marius & *Sylla* qui la mirent en cendre
Ont mieux servi l'Etat & l'ont mieux défendu.
Les tyrans ont toujours quelqu'ombre de vertu,
Ils soutiennent les Loix avant de les abattre.
CATILINA.
Ah, si vous soupçonnez ceux qui savent combattre,
Accusez donc *César*, & *Pompée* & *Crassus*.
Pourquoi fixer sur moi vos yeux toujours déçus ?
Parmi tant de guerriers dont on craint la puissance
Pourquoi suis-je l'objet de votre défiance ?
Pourquoi me choisir, moi ? par quel zéle emporté...
CICERON.
Vous même, jugez-vous, l'avez vous mérité ?
CATILINA.
Non, mais j'ai trop daigné m'abaisser à l'excuse ;
Et plus je me défends, plus *Ciceron* m'accuse.
Si vous avez voulu me parler en ami,
Vous vous êtes trompé. Je suis votre ennemi.
Si c'est en Citoien, comme vous je crois l'être,
Et si c'est en Consul, ce Consul n'est pas maître,
Il préside au Sénat & je peux l'y braver.
CICERON.
J'y punis les forfaits, tremble de m'y trouver.
Malgré toute ta haine à mes yeux méprisable
Je t'y protégerai si tu n'ès point coupable.
Fuis *Rome* si tu l'ès.

CATILINA.

C'en est trop ; arrêtez.
C'est trop souffrir le zéle où vous vous emportez,
De vos vagues soupçons j'ai dédaigné l'injure,
Mais après tant d'affronts que mon orgueil endure,
Je veux que vous sachiez que le plus grand de tous
N'est-pas d'être accusé, mais protégé par vous.

CICERON (seul)

Le traitre pense-t-il à force d'insolence
Par sa fausse grandeur prouver son innocence ?
Tu ne peux m'imposer, perfide, ne crois pas
Eviter l'œil vangeur attaché sur tes pas.

SCENE VI.
CICERON, CATON.

CICERON.

EH bien, ferme *Caton*, *Rome* est-elle en défense ?

CATON.

Vos ordres sont suivis. Ma prompte vigilance
A disposé déja ces braves Chevaliers
Qui sous vos étendards marcheront les premiers.
Mais je crains tout du peuple & du Sénat lui-même.

CICERON.

Du Sénat ?

CATON.

Enivré de sa grandeur suprême
Dans ses divisions il se forge des fers.

CICERON.

Les vices des Romains ont vangé l'Univers;
La vertu difparait : la liberté chancelle :
Mais *Rome* a des *Catons*, j'efpére encor pour elle.

CATON.

Ah ! qui fert fon païs fert fouvent un ingrat.
Vôtre mérite même irrite le Sénat ;
Il voit d'un œil jaloux cet éclat qui l'offenfe.

CICERON.

Les regards de *Caton* feront ma récompenfe.
Au torrent de mon fiécle, à fon iniquité
J'oppofe ton fuffrage & la poftérité.
Faifons notre devoir : les Dieux feront le refte.

CATON.

Eh, comment réfifter à ce torrent funefte
Quand je vois dans ce temple aux vertus élevé,
L'infame trahifon marcher le front levé ?
Croit-on que *Mallius* cet indigne rebelle,
Ce tribun de foldats, fubalterne infidéle
De la guerre civile arborât l'étendart,
Qu'il osât s'avancer vers ce facré rempart,
Qu'il eût pû fomenter ces ligues menaçantes,
S'il n'était foutenu par des mains plus puiffantes;
Si quelque rejetton de nos derniers Tyrans
N'allumait en fecret des feux plus dévorans ?
Les premiers du Sénat nous trahiffent peut-être ;
Des cendres de *Sylla* les Tyrans vont renaitre.

Céfar

TRAGEDIE.

Céſar fut le premier que mon cœur ſoupçonna.
Oui, j'accuſe Céſar.

CICERON.

Et moi, Catilina.
De brigues, de complots, de nouveautés avide,
Vaſte dans ſes projets, impétueux, perfide,
Plus que Céſar encor je le crois dangereux,
Beaucoup plus téméraire & bien moins généreux.
Je viens de lui parler, j'ai vû ſur ſon viſage,
J'ai vû dans ſes diſcours ſon audace & ſa rage,
Et la ſombre hauteur d'un eſprit affermi,
Qui ſe laſſe de feindre, & parle en ennemi.
De ſes obſcurs complots je cherche les complices.
Tous ſes crimes paſſés ſont mes premiers indices.
J'en préviendrai la ſuite.

CATON.

Il a beaucoup d'amis,
Je crains pour les Romains des tyrans réunis.
L'armée eſt en Aſie & le crime eſt dans Rome,
Mais pour ſauver l'Etat il ſuffit d'un grand homme.

CICERON.

Si nous ſommes unis il ſuffit de nous deux.
La diſcorde eſt bientôt parmi les factieux.
Céſar peut conjurer, mais je connais ſon ame;
Je ſai quel noble orgueil le domine & l'enflame.
Son cœur ambitieux ne peut être abatu
Juſqu'à ſervir en lâche un tiran ſans vertu.
Il aime Rome encore, il ne veut point de maître,

C

34 CATILINA,
Mais je prévoi trop bien qu'un jour il voudra l'être.
Tous deux jaloux de plaire & plus de commander,
Ils sont montés trop haut pour jamais s'acorder.
Par leur désunion *Rome* sera sauvée.
Allons, n'attendons pas que de sang abreuvée
Elle tende vers nous ses languissantes mains,
Et qu'on donne des fers aux maîtres des humains.

Fin du premier Acte.

ACTE II.

SCENE I.

CATILINA, CETHEGUS.

CETHEGUS.

Tandis que tout s'apprête, & que ta main hardie
Va de *Rome* & du monde allumer l'incendie ;
Tandis que ton armée approche de ces lieux,
Sais-tu ce qui se passe en ces murs odieux ?

CATILINA.

Je sai que d'un Consul la sombre défiance
Se livre à des terreurs qu'il appelle prudence ;

Sur le vaisseau public ce Pilote égaré
Présente à tous les vents un flanc mal assuré;
Il s'agite au hazard, à l'orage il s'apprête
Sans savoir seulement d'où viendra la tempête.
Ne crains rien du Sénat: ce corps faible & jaloux
Avec joie en secret l'abandonne à nos coups.
Ce Sénat divisé, ce monstre à tant de têtes,
Si fier de sa Noblesse & plus de ses conquêtes,
Voit avec les transports de l'indignation
Les souverains des Rois respecter *Cicéron*.
Céfar n'est point à lui, *Craffus* le sacrifie;
J'attends tout de ma main, j'attends tout de l'envie.
C'est un homme expirant qu'on voit d'un faible effort
Se débattre & tomber dans les bras de la mort.

CETHEGUS.

Il a des envieux, mais il parle, il entraîne,
Il réveille la gloire, il subjugue la haine;
Il domine au Sénat.

CATILINA.

    Je le brave en tous lieux,
J'entends avec mépris ses cris injurieux,
Qu'il déclame à son gré jusqu'à sa dernière heure;
Qu'il triomphe en parlant, qu'on l'admire & qu'il
 meure.
De plus cruels soucis, des chagrins plus pressants
Occupent mon courage & régnent sur mes sens.

CETHEGUS.

Que dis-tu? qui t'arrête en ta noble carrière?

C ij

Quand l'adresse & la force ont ouvert la barriere;
Que crains-tu ?

CATILINA.

Ce n'est pas mes nombreux ennemis
Mon parti seul m'alarme, & je crains mes amis,
De *Lentulus-Sura* l'ambition jalouse,
Le grand cœur de *César* & surtout mon épouse.

CETHEGUS.

Ton épouse ? tu crains une femme & des pleurs ?
Laisse lui ses remords, laisse lui ses terreurs;
Tu l'aimes, mais en maitre, & son amour docile
Est de tes grands desseins un instrument utile.

CATILINA.

Je voi qu'il peut enfin devenir dangereux.
Rome, un époux, un fils partagent trop ses vœux;
O *Rome*, ô nom fatal, ô liberté chérie !
Quoi ! dans ma maison même on parle de patrie !
Je veux, qu'avant le tems fixé pour le combat,
Tandis que nous allons éblouir le Sénat,
Ma femme avec mon fils de ces lieux enlevée
Abandonne une ville aux flames réservée,
Qu'elle parte en un mot. Nos femmes, nos enfans,
Ne doivent point troubler ces terribles momens;
Mais *César* ?

CETHEGUS.

Que veux-tu ? Si par ton artifice
Tu ne peux réussir à t'en faire un complice,
Dans le rang des proscrits faut-il placer son nom;

Faut-il confondre enfin *Céſar* & *Ciceron* ?

CATILINA.

C'eſt là ce qui m'occupe, & s'il faut qu'il périſſe,
Je me ſens étonné de ce grand ſacrifice;
Il ſemble qu'en ſecret reſpectant ſon deſtin
Je révere dans lui l'honneur du nom Romain.
Mais *Sura* viendra-t-il ?

CETHEGUS.

Compte ſur ſon audace:
Tu fais comme ébloui des grandeurs de ſa race
A partager ton régne il ſe croit deſtiné.

CATILINA.

Qu'à cet eſpoir trompeur il reſte abandonné.
Tu vois avec quel art il faut que je ménage
L'orgueil préſomtueux de cet eſprit ſauvage;
Ses chagrins inquiets, ſes ſoupçons, ſon courroux.
Sais-tu que de *Céſar* il oſe être jaloux ?
Enfin j'ai des amis moins aiſés à conduire
Que *Rome* & *Ciceron* ne coutent à détruire.
O d'un chef de parti dur & pénible emploi !

CETHEGUS.

Le ſoupçonneux *Sura* s'avance ici vers toi.

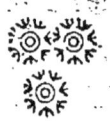

C iij

SCENE II.

CATILINA, CETHEGUS, LENTULUS - SURA.

SURA.

Ainsi malgré mes soins & malgré ma priére,
Vous prenez dans *Céfar* une affurance entiére,
Vous lui donnez *Préneste*, il devient notre appui.
Penfez-vous me forcer à dépendre de lui ?

CATILINA.

Le fang des *Scipions* n'eft point fait pour dépendre.
Ce n'eft qu'au premier rang que vous devez prétendre.
Je traite avec *Céfar*, mais fans m'y confier.
Son crédit peut nous nuire, il peut nous apuier.
Croiez qu'en mon parti s'il faut que je l'engage,
Je me fers de fon nom, mais pour votre avantage.

SURA.

Ce nom eft-il plus grand que le vôtre & le mien ?
Pourquoi nous abaiffer à briguer ce foutien ?
On le fait trop valoir, & *Rome* eft trop frapée
D'un mérite naiffant qu'on oppofe à *Pompée*.
Pourquoi le rechercher alors que je vous fers ?
Ne peut-on fans *Céfar* fubjuguer l'univers ?

CATILINA.

Nous le pouvons fans doute, & fur votre vaillance

J'ai fondé dès longtems ma plus forte espérance.
Mais *César* est aimé du peuple & du Sénat,
Politique, Guerrier, Pontife, Magistrat,
Terrible dans la guerre & grand dans la tribune,
Par cent chemins divers il court à la fortune.
Il nous est nécessaire.

SURA.

Il nous sera fatal,
Notre égal aujourd'hui, demain notre rival,
Bientôt nòtre tyran, tel est son caractére;
Je le crois du parti le plus grand adversaire.
Peut-être qu'à vous seul il daignera céder,
Mais croiez qu'à tout autre il voudra commander.
Je ne souffrirai point, puis qu'il faut vous le dire,
De son fier ascendant le dangereux empire.
Je vous ai prodigué mon service & ma foi,
Et je renonce à vous s'il l'emporte sur moi.

CATILINA.

J'y consens; faites plus, arrachez moi la vie :
Je m'en déclare indigne, & je la sacrifie,
Si je permets jamais, de nos grandeurs jaloux,
Qu'un autre ose penser à s'élever sur nous.
Mais souffrez qu'à *César* votre intérêt me lie,
Je le flatte aujourd'hui, demain je l'humilie,
Je ferai plus peut-être, en un mot vous pensez
Que sur nos intérêts mes yeux s'ouvrent assez.

(à *Céthégus*.)

Va, prépare en secret le départ d'*Aurelie*.

Que des seuls conjurés sa maison soit remplie,
De ces lieux cependant qu'on écarte ses pas,
Craignons de son amour les funestes éclats.
Par un autre chemin tu reviendras m'attendre
Vers ces lieux retirés où *César* va m'entendre.

SURA.

Enfin donc sans *César* vous n'entreprenez rien.
Nous attendrons le fruit de ce grand entretien.

CATILINA.

Allez, j'espére en vous plus que dans *César* même.

CETHEGUS.

Je cours éxécuter ta volonté suprême,
Et sous tes étendarts à jamais réunir
Ceux qui mettent leur gloire à savoir t'obéir.

SCENE III.
CATILINA, CÉSAR.
CATILINA.

EH bien *César*, eh bien! toi de qui la fortune
Dès le tems de *Sylla* me fut toujours commune,
Toi, dont j'ai préságé les éclatans destins,
Toi, né pour être un jour le premier des Romains,
N'ès tu donc aujourd'hui que le premier esclave
Du fameux plébeien qui t'irrite & te brave ?
Tu le hais, je le sçais, & ton œil pénetrant
Voit pour s'en affranchir ce que *Rome* entreprend.

Et tu balancerais ? & ton ardent courage
Craindrait de nous aider à sortir d'esclavage ?
Des destins de la terre il s'agit aujourd'hui,
Et *César* souffrirait qu'on les changeât sans lui ?
Quoi ! n'ès-tu plus jaloux du nom du grand *Pompée*,
Ta haine pour *Caton* s'est-elle dissipée ?
N'ès-tu pas indigné de servir les autels
Quand *Ciceron* préside au destin des mortels ?
Quand l'obscur habitant des rives du *Fibrêne*
Siége au dessus de toi sur la pourpre Romaine ?
Souffriras-tu longtems tous ces Rois fastueux,
Cet heureux *Lucullus* brigand voluptueux,
Fatigué de sa gloire, énervé de mollesse ;
Un *Crassus* étonné de sa propre richesse,
Dont l'opulence avide osant nous insulter
Asservirait l'Etat s'il daignait l'acheter ?
Ah ! de quelque coté que tu jettes la vuë,
Vois *Rome* turbulente ou *Rome* corrompuë.
Vois ces lâches vainqueurs en proie aux factions,
Disputer, dévorer le sang des nations.
Le monde entier t'appelle, & tu restes paisible !
Veux-tu laisser languir ce courage invincible ?
De *Rome* qui te parle as-tu quelque pitié ?
César est-il fidele à ma tendre amitié ?

CESAR.

Oui, si dans le Sénat on te fait injustice,
César te défendra, compte sur mon service.
Je ne peux te trahir, n'éxige rien de plus.

CATILINA.

Et tu bornerais là tes vœux irréfolus ?
C'est à parler pour moi que tu peux te réduire ?

CESAR.

J'ai pefé tes projets, je ne veux pas leur nuire;
Je peux leur applaudir, je n'y veux point entrer.

CATILINA.

J'entends, pour les heureux tu veux te déclarer.
Des premiers mouvemens fpectateur immobile,
Tu veux ravir les fruits de la guerre civile,
Sur nos communs débris établir ta grandeur.

CESAR.

Non ; je veux des dangers plus dignes de mon
    cœur.
Ma haine pour *Caton*, ma fiére jaloufie
Des lauriers dont *Pompée* eft couvert en Afie,
Le crédit, les honneurs, l'éclat de *Ciceron*,
Ne m'ont déterminé qu'à furpaffer leur nom.
Sur les rives du Rhin, de la Seine & du Tage
La victoire m'appelle, & voilà mon partage.

CATILINA.

Commence donc par *Rome*, & fonge que demain
J'y pourrais avec toi marcher en fouverain.

CESAR.

Ton projet eft bien grand, peut-être téméraire,
Il eft digne de toi, mais pour ne te rien taire,
Plus il doit t'agrandir, moins il eft fait pour moi.

TRAGEDIE.

CATILINA.

Comment ?

CESAR.

Je ne veux pas servir ici sous toi.

CATILINA.

Ah! crois qu'avec Céfar on partage fans peine.

CESAR.

On ne partage point la grandeur fouveraine.
Va, ne te flattes pas que jamais à fon char
L'heureux *Catilina* puiffe enchainer *Céfar*.
Tu m'as vû ton ami, je le fuis, je veux l'être:
Mais jamais mon ami ne deviendra mon maitre,
Pompée en ferait digne, & s'il l'ofe tenter,
Ce bras levé fur lui l'attend pour l'arrêter.
Sylla dont tu reçus la valeur en partage,
Dont j'eftime l'audace & dont je hais la rage,
Sylla nous a reduits à la captivité.
Mais s'il ravit l'Empire, il l'avait mérité.
Il foumit l'*Hellespont*, il fit trembler l'*Euphrate*,
Il fubjugua l'*Afie*, il vainquit *Mithridate*.
Qu'as-tu fait? quels Etats, quels fleuves, quelles mers,
Quels Rois par toi vaincus ont adoré nos fers?
Tu peux avec le tems être un jour un grand homme;
Mais tu n'as pas acquis le droit d'afservir *Rome*.
Et mon nom, ma grandeur & mon autorité
N'ont point encor l'éclat & la maturité,
Le poids qu'éxigerait une telle entreprife.

Je vois que tôt ou tard *Rome* fera foumife :
J'ignore mon deftin, mais fi j'étais un jour
Forcé par les Romains de régner à mon tour ;
Avant que d'obtenir une telle victoire,
J'étendrai fi je puis, leur Empire & leur gloire ;
Je ferai digne d'eux, & je veux que leurs fers
D'eux mêmes refpectés, de lauriers foient couverts.

CATILINA.

Le moien que je t'offre eft plus aifé peut-être.
Qu'était donc ce *Sylla* qui s'eft fait notre maitre ?
Il avait une armée, & j'en forme aujourd'hui.
Il m'a falu créer ce qui s'offrait à lui ;
Il profita des tems, & moi je les fais naitre.
Je ne dis plus qu'un mot, il fut Roi, veux tu l'être ?
Veux-tu de *Ciceron* fubir ici la loi,
Vivre fon courtifan, ou regner avec moi ?

CESAR.

Je ne veux l'un ni l'autre : il n'eft pas tems de feindre.
J'eftime *Ciceron* fens l'aimer ni le craindre.
Je t'aime, je l'avouë, & je ne te crains pas.
Divife le Sénat, abaife des ingrats ;
Tu le peux ; j'y confens ; mais fi ton ame afpire
Jufqu'à m'ofer foûmettre à ton nouvel empire,
Ce cœur fera fidéle à tes fecrets deffeins,
Et ce bras combattra l'ennemi des Romains.

(*il fort.*)

SCENE IV.
CATILINA.

AH! qu'il serve, s'il l'ose, au dessein qui m'anime,
Et s'il n'en est l'appui, qu'il en soit la victime.
Sylla voulait le perdre, il le connaissait bien.
Son génie en secret est l'ennemi du mien.
Je ferai ce qu'enfin *Sylla* craignit de faire.

SCENE V.
CATILINA, CETHEGUS, LENTULUS-SURA.
SURA.

CEsar s'est-il montré favorable au contraire?
CATILINA.
Sa stérile amitié nous offre un faible appui.
Il faut & nous servir & nous vanger de lui.
Nous avons des soûtiens plus furs & plus fidéles;
Les voici, ces héros vangeurs de nos querelles.

SCENE VI.
CATILINA. *Les Conjurés.*
CATILINA.

VEnez, noble *Pison*, vaillant *Autronius*,
Intrépide *Vargonte*, ardent *Statilius*,

Vous tous braves guerriers, de tout rang, de tout âge,
Des plus grands des humains redoutable assemblage ;
Venez, vainqueurs des Rois, vangeurs des Citoiens,
Vous tous mes vrais amis, mes égaux, mes soûtiens.
Encor quelques momens ; un Dieu qui vous seconde
Va mettre entre vos mains la maitresse du monde.
De trente nations malheureux conquérans,
La peine était pour vous, le fruit pour vos tirans.
Vos mains n'ont subjugué *Tigrane* & *Mithridate*,
Votre sang n'a rougi les ondes de l'*Euphrate*
Que pour enorgueillir d'indignes Sénateurs,
De leurs propres appuis lâches persécuteurs,
Grands par vos travaux seuls, & qui pour récompense
Vous permettaient de loin d'adorer leur puissance.
Le jour de la vangeance est atrivé pour vous.
Je ne propose point à votre fier courroux
Des travaux sans périls & des meurtres sans gloire ;
Vous pourriez dédaigner une telle victoire.
A vos cœurs généreux je promets des combats ;
Je vois vos ennemis expirans sous vos bras.
Entrez dans leurs palais, frappez, mettez en cendre
Tout ce qui prétendra l'honneur de se défendre ;
Mais surtout, qu'un concert unanime & parfait
De nos vastes desseins assûre en tout l'effet.
A l'heure où je vous parle on doit saisir *Préneste* ;
Des soldats de *Sylla* le redoutable reste
Par des chemins divers & des sentiers obscurs
Du fond de la *Toscane* avance vers ces murs.
Ils arrivent, je sors & je marche à leur tête :

TRAGEDIE.

Au dehors, au dedans *Rome* est votre conquête.
Je combats *Petreius*, & je m'ouvre en ces lieux,
Au pied du *Capitole* un chemin glorieux.
C'est-là que par les droits que vous donne la guerre
Nous montons en triomphe au trône de la terre,
A ce trône souillé per d'indignes Romains,
Mais lavé dans leur sang & vangé par vos mains.
Curius & les siens doivent m'ouvrir les portes.
(*il s'arrête un moment, puis il s'adresse à un conjuré*)
Vous, des gladiateurs aurons-nous les cohortes ?
Leur joignez-vous sur-tout ces braves vétérans
Qu'un odieux repos fatigua trop longtems ?

LENTULUS.

Je dois les amener sitôt que la nuit sombre
Cachera sous son voile & leur marche & leur nombre.
Je les armerai tous dans ce lieu retiré.

CATILINA.

Vous, du mont Célius êtes-vous assuré ?

STATILIUS.

Les gardes sont séduits, on peut tout entreprendre.

CATILINA.

Vous, au mont Aventin que tout soit mis en cendre.
Dès que de *Mallius* vous verrez les drapaux,
De ce signal terrible allumez les flambaux.
Aux maisons des proscrits que la mort soit portée.
La première victime à mes yeux présentée,
Vous l'avez tous juré, doit être *Ciceron*.

Immolez *César* même, oui *César* & *Caton*.
Eux morts, le Sénat tombe & nous sert en silence.
Déja notre fortune aveugle sa prudence.
Dans ses murs, sous son temple, à ses yeux, sous ses pas,
Nous disposons en paix l'appareil du trépas.
Surtout avant le tems ne prenez point les armes,
Que la mort des tyrans précéde les alarmes,
Que *Rome* & *Ciceron* tombent du même fer,
Que la foudre en grondant les frape avec l'éclair.
Vous avez dans vos mains le destin de la terre,
Ce n'est point conspirer, c'est déclarer la guerre;
C'est reprendre vos droits ; & c'est vous ressaisir
De l'univers domté qu'on osait vous ravir...

(à *Céthégus* & à *Lentulus-Sura*)

Vous, de ces grands desseins les auteurs magnanimes,
Venez dans le Sénat, venez voir vos victimes.
De ce Consul encor nous entendrons la voix ;
Croiez qu'il va parler pour la derniére fois.
Et vous dignes Romains, jurez par cette épée,
Qui du sang des tirans sera bientôt trempée,
Jurez tous de périr ou de vaincre avec moi.

MARTIAN.

Oui, nous le jurons tous par ce fer & par toi.

UN AUTRE CONJURÉ.

Périsse le Sénat.

MARTIAN.

Périsse l'infidéle
Qui pourra differer de vanger ta querelle.

Si quelqu'un se repent, qu'il tombe sous nos coups.
CATILINA.
Allez, & cette nuit *Rome* entière est à vous.

Fin du second Acte.

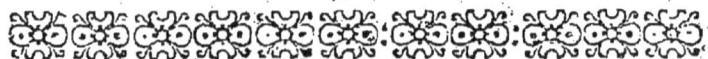

ACTE III.

SCENE I.
CATILINA, CETHEGUS, AFFRANCHIS, MARTIAN, SEPTIME.

CATILINA.

Tout est-il prêt, enfin l'armée avance-t-elle?
MARTIAN.
Oui, Seigneur, *Mallius* à ses sermens fidéle
Vient entourer ces murs aux flammes destinés.
Au dehors, au dedans les ordres sont donnés,
Les conjurés en foule au carnage s'excitent,
Et des moindres délais leurs courages s'irritent.
Prescrivez le moment où *Rome* doit périr.
CATILINA.
Si tôt que du Sénat vous me verrez sortir,
Commencez à l'instant nos sanglans sacrifices,
Que du sang des proscrits les fatales prémices,

D

CATILINA,

Confacrent fous vos mains ce redoutable jour.
Obfervez, *Martian*, vers cet obfcur detour,
Si d'un Conful trompé les ardens émiffaires
Oferaient épier nos terribles miftéres.

CETHEGUS.

Peut-être avant le tems faudrait-il l'attaquer.
Au milieu du Sénat qu'il vient de convoquer,
Je vois qu'il prévient tout, & que *Rome* allarmée...

CATILINA.

Prévient-il *Mallius* ? prévient-il mon armée ?
Connait-il mes projets ? fait-il dans fon effroi
Que *Mallius* n'agit, n'eft armé que pour moi ?
Suis-je fait pour fonder ma fortune & ma gloire
Sur un vain brigandage & non fur la victoire ?
Va, mes deffeins font grands autant que mefurés ;
Les foldats de *Sylla* font mes vrais conjurés.
Quand des mortels obfcurs & de vils téméraires
D'un complot mal tiffu forment les nœuds vulgaires ;
Un feul reffort qui manque à leurs piéges tendus,
Détruit l'ouvrage entier, & l'on n'y revient plus.
Mais des mortels choifis & tels que nous le fommes ;
Ces deffeins fi profonds, ces crimes de grands
    hommes,
Cette élite indomtable & ce fuperbe choix
Des defcendans de Mars & des vainqueurs des Rois,
Tous ces reffarts fecrets, dont la force affurée
Trompe de *Ciceron* la prudence égarée,
Un feu dont l'étendue embrafe au même inftant

TRAGEDIE.

Les Alpes, l'Apennin, l'aurore & le couchant,
Que *Rome* doit nourrir, que rien ne peut éteindre,
Voilà notre destin, dis-moi s'il est à craindre.

CETHEGUS.
Sous le nom de *César* Préneste est-elle à nous?

CATILINA.
C'est là mon premier pas ; c'est un des plus grands
  coups,
Qu'au Sénat incertain je porte en assurance.
Tandis que *Nonnius* tombe sous ma puissance ;
Tandis qu'il est perdu, je fais semer le bruit
Que tout ce grand complot par lui même est conduit.
La moitié du Sénat croit *Nonnius* complice.
Avant qu'on délibére, avant qu'on s'éclaircisse ;
Avant que ce Sénat si lent dans ses débats,
Ait démêlé le piége où j'ai conduit ses pas ;
Mon armée est dans *Rome* & la terre asservie.
Allez, que de ces lieux on enleve *Aurélie* ;
Et que rien ne partage un si grand intérêt.

SCENE II.
AURELIE, CATILINA, CETHEGUS, &c.

AURELIE (*une lettre à la main.*)
Lis ton sort & le mien, ton crime & ton arrêt.
Voilà ce qu'on m'écrit.

CATILINA.

Quelle main témeraire...
Eh bien, je reconnais le seing de votre pére.

AURELIE.

Lis...

CATILINA *lit la lettre*

„ La mort trop longtems à respecté mes jours ;
„ Une fille que j'aime en termine le cours...
„ Je suis trop bien puni dans ma triste vieillesse,
„ De cet hymen affreux qu'a permis ma faiblesse.
„ Je sai de votre époux les complots odieux.
„ *César* qui nous trahit veut enlever *Préneste*,
„ Vous avez partagé leur trahison funeste.
„ Repentez vous, ingrate, ou périssez comme eux...
Mais comment *Nonnius* aurait-il pû connoître
Des secrets qu'un Consul ignore encor peut-être?

CETHEGUS.

Ce billet peut vous perdre.

CATILINA (*à Céthégus*)

Il pourra nous servir,

(*à Aurélie*)

Il faut tout vous aprendre, il faut tout éclaircir.
Je vais armer le monde, & c'est pour ma défense.
Vous, dans ce jour de sang marqué pour ma puis-
sance
Voulez-vous préferer un pére à votre époux?
Pour la derniére fois dois-je compter sur vous?

AURELIE.

Tu m'avais ordonné le silence & la fuite,
Tu voulais à mes pleurs dérober ta conduite,
Eh bien, que prétens-tu ?

CATILINA.

Partez au même instant,
Envoiez au consul ce billet important ;
J'ai mes raisons, je veux qu'il apprenne à connaitre
Que *César* est à craindre & plus que moi peut-être :
Je n'y suis point nommé. *César* est accusé,
C'est ce que j'attendais ; tout le reste est aisé.
Que mon fils au berceau, mon fils né pour la guerre,
Soit porté dans vos bras aux vainqueurs de la terre.
Ne rentrez avec lui dans ces murs abhorrés,
Que quand j'en serai maître & quand vous régnerez.
Notre hymen est secret, je veux qu'on le publie
Au milieu de l'armée, aux yeux de l'Italie.
Je veux que votre pére, humble dans son courroux
Soit le premier sujet qui tombe à vos genoux.
Partez, daignez me croire, & laissez vous conduire ;
Laissez moi mes dangers, ils doivent me suffire.
Et ce n'est pas à vous de partager mes soins.
Vainqueur & couronné, cette nuit je vous joins.

AURELIE.

Tu vas ce jour dans *Rome* ordonner le carnage ?

CATILINA.

Oui, de nos ennemis j'y vais punir la rage.
Tout est prêt ; on m'attend.

CATILINA,

AURELIE.

Commence donc par moi,
Commence par ce meurtre, il est digne de toi.
Barbare, j'aime mieux avant que tout périsse,
Expirer par tes mains que vivre ta complice.

CATILINA.

Qu'au nom de nos liens votre esprit raffermi...

CETHEGUS.

Ne desesperez point un époux, un ami.
Tout vous est confié, la carriere est ouverte;
Et reculer d'un pas, c'est courir à sa perte.

AURELIE.

Ma perte fut certaine au moment où mon cœur
Reçut de vos conseils le poison séducteur,
Quand j'acceptai sa main, quand je fus abusée,
Attachée à son sort, victime méprisée.
Vous pensez que mes yeux timides, consternés
Respecteront toujours vos complots forcenés,
Malgré moi sur vos pas vous m'avez sû conduire.
J'aimais; il fut aisé, cruels, de me séduire.
Et c'est un crime affreux dont on doit vous punir,
Qu'à tant d'atrocités l'amour ait pû servir.
Dans mon aveuglement que ma raison déplore,
Ce reste de raison m'éclaire au moins encore.
Il fait rougir mon front de l'abus détesté,
Que vous avez tous fait de ma credulité.
L'amour me fit coupable, & je ne veux plus l'être;
Je ne veux point servir les attentats d'un maître;

TRAGEDIE.

Je renonce à mes vœux, à ton crime, à ta foi,
Mes mains, mes propres mains s'armeront contre
    toi.
Frappe & traine dans *Rome* embrasée & fumante
Pour ton premier exploit ton épouse expirante.
Fais périr avec moi l'enfant infortuné
Que les Dieux en courroux à mes vœux ont donné;
Et couvert de son sang, libre dans ta furie,
Barbare, assouvis-toi du sang de ta patrie.

CATILINA.

C'est donc là ce grand cœur & qui me fut soumis?
Ainsi vous vous rangez parmi mes ennemis?
Ainsi dans la plus juste & la plus noble guerre
Qui jamais décida du destin de la terre,
Quand je brave un Consul & *Pompée* & *Caton*,
Mes plus grands ennemis feront dans ma maison?
Les préjugés Romains de votre faible pére
Arment contre moi même une épouse si chere,
Et vous mêlez enfin la menace & l'effroi?

AURELIE.

Je menace le crime... & je tremble pour toi.
Dans mes emportemens vois encor ma tendresse,
Frémis d'en abuser, c'est ma seule faiblesse.
Crains...

CATILINA.

Cet indigne mot n'est pas fait pour mon cœur.
Ne me parlez jamais de paix ni de terreur :
C'est assez m'offenser. Ecoutez, je vous aime,

D iiij

Mais ne préſumez pas que m'oubliant moi-même
J'immole à mon amour ces amis généreux,
Mon parti, mes deſſeins & l'Empire avec eux.
Vous n'avez pas oſé regarder la couronne.
Jugez de mon amour puiſque je vous pardonne.
Mais ſachez...

AURELIE.

La couronne où tendent tes deſſeins !
Cet objet du mépris du reſte des Romains !
Va; je l'arracherais ſur mon front affermie,
Comme un ſigne inſultant d'horreur & d'infamie.
Quoi, tu m'aimes aſſez pour ne te pas vanger,
Pour ne me punir pas de t'oſer outrager,
Pour ne pas ajouter ta femme à tes victimes ?
Et moi, je t'aime aſſez pour arrêter tes crimes.
Et je cours...

SCENE III.

CATILINA, CETHEGUS, LENTULUS-SURA, AURELIE, &c.

LENTULUS-SURA.

C'En eſt fait & nous ſommes perdus.
Nos amis ſont trahis, nos projets confondus.
Préneſte entre nos mains n'a point été remiſe;
Nonnius vient dans *Rome*, il ſait notre entrepriſe.

Un de nos confidens dans *Préneste* arrêté
A subi les tourmens, & n'a pas resisté.
Nous avons trop tardé, rien ne peut nous défendre ;
Nonnius au Sénat vient accuser son gendre.
Il va chez *Cicéron* qui n'est que trop instruit.

AURELIE.

Eh bien ! de tes forfaits tu vois quel est le fruit.
Voilà ces grands desseins où j'aurais dû souscrire,
Ces destins de *Sylla*, ce trône, cet empire !
Es-tu désabusé ? tes yeux sont-ils ouverts ?

CATILINA, (*après un moment de silence*)
Je ne m'attendais pas à ce nouveau revers.
Mais ... me trahiriez-vous ?

AURELIE.

Je le devrais peut-être.
Je devrais servir *Rome* en la vangeant d'un traitre.
Nos dieux m'en avoueraient. Je ferai plus ; je veux
Te rendre à ton païs & vous sauver tous deux.
Ce cœur n'a pas toujours la faiblesse en partage.
Je n'ai point tes fureurs, mais j'aurai ton courage.
L'amour en donne au moins. J'ai prévu le danger,
Ce danger est venu, je vais le partager.
Je vai trouver mon pére, il faudra que j'obtienne
Qu'il m'arrache la vie ou qu'il sauve la tienne.
Il m'aime, il est facile, il craindra devant moi
D'armer le désespoir d'un gendre tel que toi.
J'irai parler de paix à *Cicéron* lui même.
Ce Consul qui te craint, ce Sénat où l'on t'aime,

Où *César* te soutient, où ton nom est puissant,
Se tiendront trop heureux de te croire innocent.
On pardonne aifément à ceux qui font à craindre.
Repens-toi feulement, mais repens-toi fans feindre.
Il n'eft que ce parti quand on eft découvert.
Il bleffe ta fierté ; mais tout autre te perd.
Et je te donne au moins, quoiqu'on puiffe entre-
 prendre,
Le tems de quitter *Rome*, ou d'ofer t'y défendre.
Plus de reproche ici fur tes complots pervers ;
Coupable je t'aimais, malheureux je te fers :
Je mourrai pour fauver & tes jours & ta gloire.
Adieu. *Catilina* doit apprendre à me croire,
Je l'avais mérité.

CATILINA (*l'arrêtant*)

     Que faire, & quel danger?
Ecoutez.. le fort change, il me force à changer...
Je me rends.. je vous cede.. il faut vous fatisfaire..
Mais... fongez qu'un époux eft pour vous plus
  qu'un pére,
Et que dans le péril dont nous fommes preffés
Si je prends un parti, c'eft vous qui m'y forcez.

AURELIE.

Je me charge de tout, fut-ce encor de ta haine.
Je te fers, c'eft affez. Fille, époufe & Romaine,
Voilà tous mes devoirs, je les fuis, & le tien
Eft d'égaler un cœur auffi pur que le mien.

SCENE IV.

CATILINA, CETHEGUS, LENTULUS-SURA, *affranchis.*

SURA.

Est-ce *Catilina* que nous venons d'entendre ?
N'ès-tu de *Nonnius* que le timide gendre ?
Esclave d'une femme & d'un seul mot troublé,
Ce grand cœur s'est rendu sitôt qu'elle a parlé.

CETHEGUS.

Non, tu ne peux changer, ton génie invincible
Animé par l'obstacle en sera plus terrible.
Sans ressource à *Préneste*, accusés au Sénat,
Nous pourrions être encor les maîtres de l'Etat ;
Nous le ferions trembler même dans les supplices.
Nous avons trop d'amis, trop d'illustres complices,
Un parti trop puissant pour ne pas eclater.

SURA.

Mais avant le signal on peut nous arrêter.
C'est lorsque dans la nuit le Sénat se sépare,
Que le parti s'assemble & que tout se déclare.
Que faire ?

CETHEGUS (*à Catilina.*)

Tu te tais & tu frémis d'effroi ?

CATILINA.

Oui, je frémis du coup que mon sort veut de moi.

SURA.

J'attends peu d'*Aurélie*, & dans ce jour funeste

Vendre cher notre vie est tout ce qui nous reste.

CATILINA.

Je compte les momens, & j'observe les lieux.
Aurélie en flattant ce vieillard odieux,
En le baignant de pleurs, en lui demandant grace,
Suspendra pour un tems sa course & sa menace.
Ciceron que j'alarme est ailleurs arrêté;
C'en est assez, amis, tout est en sureté.
Qu'on transporte soudain les armes nécessaires;
Armez tout, affranchis, esclaves & sicaires,
Débarassez l'amas de ces lieux souterrains,
Et qu'il en reste encor assez pour mes desseins.
Vous, fidéle affranchi, brave & prudent Septime;
Et vous cher Martian qu'un même zéle anime,
Observez Aurélie, observez Nonnius:
Allez, & dans l'instant qu'ils ne se verront plus;
Abordez-le en secret de la part de sa fille,
Peignez-lui son danger, celui de sa famille,
Attirez-le en parlant vèrs ce détour obscur
Qui conduit au chemin de Tibur & d'Anxur:
Là, saisissant tous deux le moment favorable,
Vous... Ciel, que vois-je?

SCENE V.

CICERON: les précédens.

CICERON.

ARrête, audacieux coupable,
Où portes-tu tes pas? Vous, Céthégus, parlez...

TRAGEDIE.

Sénateurs, affranchis, qui vous a rassemblés?

CATILINA.
Bientôt dans le Sénat nous pourrons te l'apprendre.

CETHEGUS.
De ta poursuite vaine on saura s'y défendre.

SURA.
Nous verrons si toujours prompt à nous outrager
Le fils de *Tullius* nous ose interroger.

CICERON.
J'ose au moins demander qui sont ces téméraires?
Sont-ils ainsi que vous des Romains Consulaires
Que la loi de l'Etat me force à respecter,
Et que le Sénat seul ait le droit d'arrêter?
Qu'on les charge de fers; allez, qu'on les entraine.

CATILINA.
C'est donc toi qui détruis la liberté Romaine?
Arrêter des Romains sur tes lâches soupçons?

CICERON.
Ils sont de ton Conseil, & voilà mes raisons.
Vous mêmes frémissez. Licteurs, qu'on m'obéisse.
(*On emméne* Septime *&* Martian.)

CATILINA.
Implacable ennemi, poursuis ton injustice;
Abuse de ta place, & profite du tems.
Il faudra rendre compte, & c'est où je t'attends.

CICERON.
Qu'on fasse à l'instant même interroger ces traitres.
Va, je pourrai bientôt traiter ainsi leurs maîtres.

J'ai mandé *Nonnius*, il fait tous tes desseins.
J'ai mis *Rome* en défense & *Préneste* en mes mains.
Nous verrons qui des deux emporte la balance,
Ou de ton artifice ou de ma vigilance.
Je ne te parle plus ici de repentir;
Je parle de supplice, & veux t'en avertir.
Avec les assassins sur qui tu te reposes
Viens t'asseoir au Sénat, & suis-moi si tu l'oses.

SCENE VI.
CATILINA, CETHEGUS, LENTULUS-SURA.

CETHEGUS.

Faut-il donc succomber sous les puissants efforts
D'un bras habile & promt qui rompt tous nos ressorts?
Faut-il qu'à *Ciceron* le sort nous sacrifie?

CATILINA.

Jusqu'au dernier moment ma fureur le défie.
C'est un homme alarmé que son trouble conduit;
Qui cherche à tout apprendre & qui n'est pas instruit.
Nos amis arrêtés vont accroître ses peines;
Ils sauront l'éblouir de clartés incertaines;
Dans ce billet fatal *César* est accusé,
Le Sénat en tumulte est déja divisé,
Manlius & l'armée aux portes vont paraître.
Vous m'avez crû perdu; marchez, & je suis maître.

TRAGEDIE.

SURA.

Nonnius du Consul éclaircit les soupçons.

CATILINA.

Il ne le verra pas. C'est moi qui t'en réponds.
Marchez, dis-je, au Sénat ; parlez en assurance,
Et laissez moi le soin de remplir ma vangeance.
Allons... où vais-je ?

CETHEGUS.

Eh bien ?

CATILINA.

Aurélie ! ah grands Dieux !
Qu'allez vous ordonner de ce cœur furieux ?
Ecartez-la surtout. Si je la vois paraître,
Tout prêt à vous servir je tremblerai peut-être.

Fin du troisiéme Acte.

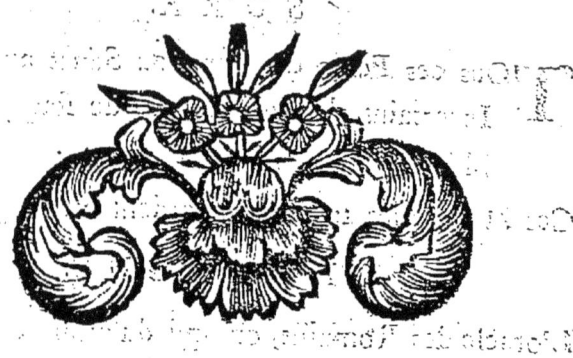

ACTE IV.

SCENE I.

Le Théatre doit représenter le lieu préparé pour le Sénat. Cette salle laisse voir une partie de la galerie qui conduit du palais d'Aurélie au temple de Tellus. Un double rang de siéges forme un cercle dans cette salle, le siége de Ciceron plus élevé est au milieu.

CETHEGUS, LENTULUS-SURA,

(*retirés vers le devant.*)

SURA.

TOus ces Péres de *Rome* au Sénat appellés,
Incertains de leur sort & de soupçons troublés,
Ces Monarques tremblans tardent bien à paraitre.

CETHEGUS.

L'oracle des Romains, ou qui du moins croit l'être,
Dans d'impuissans travaux sans relâche occupé,
Interroge *Septime*, & par ses soins trompé,
Il a retardé tout par ses fausses alarmes.

SURA.

TRAGEDIE.

SURA.

Plût au ciel que deja nous eussions pris les armes !
Je crains, je l'avoûrai, cet esprit du Sénat,
Ces préjugés sacrés de l'amour de l'Etat,
Cet antique respect & cette idolatrie
Que réveille en tout tems le nom de la patrie.

CETHEGUS.

La patrie est un nom sans force & sans effet.
On le prononce encor, mais il n'a plus d'objet.
Le fanatisme usé des siécles héroïques
Se conserve, il est vrai, dans des ames stoïques.
Le reste est sans vigueur, on fait des vœux pour nous ;
Ciceron respecté n'a fait que des jaloux ;
Caton est sans crédit ; César nous favorise,
Défendons nous ici ; Rome sera soumise.

SURA.

Mais si Catilina par sa femme séduit
De tant de nobles soins nous ravissait le fruit !
Tout homme a sa faiblesse, & cette ame hardie
Reconnait en secret l'ascendant d'*Aurélie*.
Il l'aime, il la respecte, il pourra lui céder.

CETHEGUS.

Sois sûr qu'à son amour il saura commander.

LENTULUS.

Mais tu l'as vû frémir, tu sais ce qu'il en coute
Quand de tels intérêts....

E

CETHEGUS, *en le tirant à part.*)

Caton approche : écoute :
(Lentulus & Céthégus s'asseïent à un bout de la salle.)

SCENE II.

CATON *entre au Sénat avec* LUCULLUS, CRASSUS, FAVONIUS, CLODIUS, MURENA, CESAR, CATULLUS, MARCELLUS &c.

CATON (*en regardant les deux conjurés.*)

LUcullus, je me trompe, ou ces deux confidens
S'occupent en secret de soins trop importans.
Le crime est sur leur front qu'irrite ma présence,
Déja la trahison marche avec arrogance.
Le Sénat qui la voit cherche à dissimuler.
Le démon de *Sylla* semble nous aveugler.
L'ame de ce tyran dans le Sénat respire.

CETHEGUS.

Je vous entends assez, *Caton*, qu'osez-vous dire ?

CATON, (*en s'asseïant tandis que les autres prennent place.*)

Que les Dieux du Sénat, les Dieux de *Scipion*
Qui contre toi peut-être ont inspiré *Caton*,
Permettent quelquefois les attentats des traitres,
Qu'ils ont à des tyrans asservi nos ancêtres ;

Mais qu'ils ne mettront pas en de pareilles mains
La maitreſſe du monde & le ſort des humains.
J'oſe encor ajouter que ſon puiſſant génie
Qui n'a pû qu'une fois ſouffrir la tyrannie,
Pourra dans *Céthégus* & dans *Catilina*
Punir tous les forfaits qu'il permit à *Sylla*.

CESAR.

Caton, que faites-vous, & quel affreux langage?
Toujours votre vertu s'explique avec outrage.
Vous révoltez les cœurs au lieu de les gagner.

(*Céſar s'aſſied.*)

CATON à *Céſar*.

Sur les cœurs corrompus vous cherchez à régner.
Pour les ſéditieux *Céſar* toujours facile,
Conſerve en nos périls un courage tranquile.

CESAR.

Caton, il faut agir dans les jours des combats ;
Je ſuis tranquile ici, ne vous en plaignez pas.

CATON.

Je plains Rome, *Céſar*, & je la vois trahie.
O ciel! pourquoi faut-il qu'aux climats de l'Aſie
Pompée en ces périls ſoit encor arrêté?

CESAR.

Quand *Céſar* eſt pour vous, *Pompée* eſt regretté?

CATON.

L'amour de la patrie anime ce grand homme.

CESAR.

Je lui diſpute tout ; juſqu'à l'amour de *Rome*.

SCÈNE III.

CICERON, *arrivant avec précipitation, tous les Sénateurs se levent.*

AH! dans quels vains débats perdez-vous ces
    inftans?
Quand *Rome* à fon fecours appelle fes enfans,
Qu'elle vous tend les bras, & que fes fept colines
Se couvrent à vos yeux de meurtres, de ruines,
Qu'on a déja donné le fignal des fureurs,
Qu'on a déja verfé le fang des Sénateurs.

LUCULLUS.

O ciel!

CATON.

Que dites-vous?

CICERON, (*debout*)

J'avais d'un pas rapide
Guidé des Chevaliers la cohorte intrépide,
Affuré des fecours aux poftes menacés,
Armé les Citoiens avec ordre placés;
J'interrogeais chez moi ceux qu'en ce trouble ex-
    trême
Aux yeux de *Céthégus* j'avais furpris moi même.
Nonnius mon ami, ce vieillard généreux,
Cet homme incorruptible en ces tems malheureux,
Pour fauver *Rome* & vous, arrive de *Prénefte*.
Il venait m'éclairer dans ce trouble funefte,

M'apprendre jufqu'aux noms de tous les conjurés,
Lorfque de notre fang deux monftres altérés
A coups précipités frappent ce cœur fidéle,
Et font périr en lui tout le fruit de mon zéle;
Il tombe mort. On court. On vole, on les pour-
  fuit.
Le tumulte, l'horreur, les ombres de la nuit,
Le peuple qui fe preffe & qui fe précipite,
Leurs complices enfin favorifent leur fuite.
J'ai faifi l'un des deux qui le fer à la main
Egaré, furieux, fe fraiait un chemin.
Je l'ai mis dans les fers, & j'ai fçu que ce traitre
Avait *Catilina* pour complice & pour maître.
   (*Ciceron s'affied avec le Sénat.*)

SCENE IV.

CATILINA, *debout entre* Caton *&* Céfar.
(*Céthégus eft auprès de Céfar. Le Sénat affis.*)

OUi Sénat, j'ai tout fait, & vous voiez la main
  Qui de votre ennemi vient de percer le fein.
Oui, c'eft *Catilina* qui vange la patrie,
C'eft moi qui d'un perfide ai terminé la vie.

  CICERON.

Toi fourbe, toi barbare?

  CATON.

   Ofes-tu te vanter?...

E iij

CESAR.
Nous pourrons le punir, mais il faut l'écouter.
CETHEGUS.
Parle *Catilina*, parle & force au silence
De tous tes ennemis l'audace & l'éloquence.
CICERON.
Romains, où sommes-nous ?
CATILINA.
Dans les tems du malheur,
Dans la guerre civile, au milieu de l'horreur,
Parmi l'embrasement qui menace le monde,
Parmi des ennemis qu'il faut que je confonde.
Les neveux de *Sylla* séduits par ce grand nom
Ont osé de *Sylla* montrer l'ambition,
J'ai vû la liberté dans les cœurs expirante,
Le Sénat divisé, *Rome* dans l'épouvante,
Le désordre en tous lieux, & surtout *Ciceron*
Semant ici la crainte ainsi que le soupçon.
Peut-être il plaint les maux dont *Rome* est affligée ;
Il vous parle pour elle, & moi je l'ai vangée.
Par un coup effraiant je lui prouve aujourd'hui,
Que *Rome* & le Sénat me sont plus chers qu'à lui.
Sachez que *Nonnius* était l'ame invisible,
L'esprit qui gouvernait ce grand corps si terrible,
Ce corps de conjurés qui des monts Appennins,
S'étend jusqu'où finit le pouvoir des Romains.
Les momens étaient chers & les périls extrêmes.
Je l'ai sçû, j'ai sauvé l'Etat, *Rome* & vous mêmes.

TRAGEDIE.

Ainsi par un soldat fut puni *Spurius* ;
Ainsi les *Scipions* ont immolé *Gracchus*.
Qui m'osera punir d'un si juste homicide ?
Qui de vous peut encor m'accuser ?

CICERON.

      Moi, perfide.
Moi, qu'un *Catilina* se vante de sauver,
Moi, qui connais ton crime & qui vais le prouver.
Que ces deux affranchis viennent se faire entendre.
Sénat, voici la main qui mettait *Rome* en cendre ;
Sur un pére de *Rome* il a porté ses coups,
Et vous souffrez qu'il parle ; & qu'il s'en vante à vous ?
Vous souffrez qu'il vous trompe alors qu'il vous opprime,
Qu'il fasse insolemment des vertus de son crime ?

CATILINA.

Et vous souffrez, Romains, que mon accusateur
Des meilleurs Citoiens soit le persécuteur ?
Apprenez des secrets que le Consul ignore,
Et profitez en tous, s'il en est tems encore.
Sachez qu'en son palais & presque sous ces lieux
Nonnius enfermait l'amas prodigieux
De machines, de traits, de lances & d'épées,
Que dans les flots de sang *Rome* doit voir trempées.
Si *Rome* existe encor, amis si vous vivez,
C'est moi, c'est mon audace à qui vous le devez.
Pour prix de mon service aprouvez mes alarmes ;
Sénateurs, ordonnez qu'on saisisse ces armes.

CICERON, *(aux Licteurs.)*

Courez chez *Nonnius*, allez, & qu'à nos yeux
On améne sa fille en ces augustes lieux,
Tu trembles à ce nom ?

CATILINA.

Moi trembler ? je méprise
Cette ressource indigne où ta haine s'épuise.
Sénat, le péril croît quand vous délibérez.
Eh bien, sur ma conduite êtes-vous éclairés ?

CICERON.

Oui, je le suis, Romains, je le suis sur son crime.
Qui de vous peut penser qu'un vieillard magnanime
Ait formé de si loin ce redoutable amas,
Ce dépôt des forfaits & des assassinats ?
Dans ta propre maison ta rage industrieuse
Craignait de mes regards la lumiére odieuse.
De *Nonnius* trompé tu choisis le palais,
Et ton noir artifice y cacha tes forfaits.
Peut-être as-tu séduit sa malheureuse fille.
Ah cruël, ce n'est pas la premiere famille
Où tu portas le trouble & le crime & la mort.
Tu traites Rome ainsi : c'est donc là notre sort !
Et tout couvert d'un sang qui demande vangeance,
Tu veux qu'on t'aplaudisse & qu'on te récompense.
Artisan de la guerre, affreux conspirateur,
Meurtrier d'un vieillard & calomniateur,
Voilà tout ton service, & tes droits & tes titres.
O vous des nations jadis heureux arbitres,

Attendez-vous ici fans force & fans fecours,
Qu'un tyran forcené difpofe de vos jours ?
Fermerez-vous les yeux au bord des précipices ?
Si vous ne vous vangez, vous êtes fes complices.
Rome ou Catilina doit périr aujourd'hui.
Vous n'avez qu'un moment ; jugez entre elle & lui.

CESAR.

Un jugement trop promt eft fouvent fans juftice.
C'eft la caufe de Rome ; il faut qu'on l'éclaiciffe.
Aux droits de nos égaux eft-ce à nous d'attenter ?
Toujours dans fes pareils il faut fe refpecter.
Trop de févérité tient de la tyrannie.

CATON.

Trop d'indulgence ici tient de la perfidie.
Quoi, Rome eft d'un coté, de l'autre un affaffin,
C'eft Ciceron qui parle & l'on eft incertain ?

CESAR.

Il nous faut une preuve, on n'a que des alarmes.
Si l'on trouve en effet ces parricides armes,
Et fi des Nonnius le crime eft avéré,
Catilina nous fert & doit être honoré.
(à Catilina.)
Tu me connais : en tout je te tiendrai parole.

CICERON.

O Rome, ô ma patrie ! ô dieux du Capitole !
Ainfi d'un fcélérat un héros eft l'appui !

Agiſſez-vous pour vous, en nous parlant pour lui?
Céſar, vous m'entendez, & Rome trop à plaindre
N'aura donc déſormais que ſes enfans à craindre?

CLODIUS.

Rome eſt en ſureté, Céſar eſt Citoien.
Qui peut avoir ici d'autre avis que le ſien?

CICERON.

Clodius, achevez: que votre main ſeconde
La main qui prépara la ruine du monde.
C'en eſt trop, je ne vois dans ces murs menacés
Que conjurés ardens & Citoiens glacés.
Catilina l'emporte, & ſa tranquile rage
Sans crainte & ſans danger médite le carnage.
Au rang des Sénateurs il eſt encor admis,
Il proſcrit le Sénat & s'y fait des amis:
Il dévore des yeux le fruit de tous ſes crimes;
Il vous voit, vous menace, & marque ſes victimes:
Et lorſque je m'oppoſe à tant d'énormités,
Céſar parle de droits & de formalités;
Clodius à mes yeux de ſon parti ſe range;
Aucun ne veut ſouffrir que Ciceron le vange.
Nonnius par ce traitre eſt mort aſſaſſiné.
N'avons-nous pas ſur lui le droit qu'il s'eſt donné?
Le devoir le plus ſaint, la loi la plus chérie,
Eſt d'oublier la loi pour ſauver la patrie.
Mais vous n'en avez plus.

SCENE V.
LE SÉNAT, AURELIE.

AURELIE.

O Vous, sacrés vangeurs,
Demi-Dieux sur la terre & mes seuls protecteurs,
Consul, auguste appui qu'implore l'innocence,
Mon pére par ma voix vous demande vangeance.
J'ai retiré ce fer enfoncé dans son flanc.

(en voulant se jetter aux pieds de Ciceron qui la reléve)

Mes pleurs mouillent vos pieds arrosés de son sang.
Secourez moi, vengez ce sang qui fume encore,
Sur l'infame assassin que ma douleur ignore.

CICERON (*en montrant* Catilina)
Le voici.

AURELIE.
Dieux!

CICERON.
C'est lui, lui qui l'assassina,
Qui s'en ose vanter.

AURELIE.
O ciel! *Catilina*.
L'ai-je bien entendu? quoi! monstre sanguinaire,
Quoi! c'est toi, c'est ta main qui massacra mon pere!

(*des licteurs la soutiennent.*)

CATILINA *se tournant vers* Cethégus *& se jettant éperdu entre ses bras.*

Quel spectacle, grands Dieux! Je suis trop bien puni,

CETHEGUS.

A ce fatal objet quel trouble t'a saisi !
Aurélie à nos pieds vient demander vangeance.
Mais si tu servis *Rome*, attends ta récompense.

CATILINA (*se tournant vers* Aurélie.)

Aurélie, il est vrai.... qu'un horrible devoir....
M'a forcé... respectez mon cœur, mon désespoir...
Songez qu'un nœud plus saint & plus inviolable...

SCENE VI.

LE SÉNAT, AURELIE, LE CHEF DES LICTEURS.

LE CHEF DES LICTEURS.

Seigneur, on a saisi ce dépôt formidable.

CICERON.

Chez *Nonnius* ?

LE CHEF.

Chez lui. Ceux qui sont arrêtés
N'accusent que lui seul de tant d'iniquités.

TRAGEDIE. 77

AURELIE.

O comble de la rage & de la calomnie!
On lui donne la mort, on veut flétrir sa vie!
Le cruel dont la main porta sur lui les coups...

CICERON.

Achevez.

AURELIE.

Justes dieux, où me reduisez-vous?

CICERON.

Parlez; la vérité dans son jour doit paraître.
Vous gardez le silence à l'aspect de ce traître,
Vous baissez devant lui vos yeux intimidés,
Il fremit devant vous, achevez, répondez.

AURELIE.

Ah, je vous ai trahis, c'est moi qui suis coupable.

CATILINA.

Non, vous ne l'êtes point...

AURELIE.

Va, monstre impitoiable;
Va, ta pitié m'outrage, elle me fait horreur.
Dieux! j'ai trop tard connu ma détestable erreur.
Sénat, j'ai vû le crime & j'ai tû les complices;
Je demandais vengeance, il me faut des supplices.
Ce jour menace *Rome*, & vous, & l'univers.
Ma faiblesse a tout fait, & c'est moi qui vous perds.
Traitre qui m'as conduite à travers tant d'abîmes,
Tu forças ma tendresse à servir tous tes crimes.

Périsse ainsi que moi le jour, l'horrible jour
Où ta rage a trompé mon innocent amour,
Ce jour où malgré moi secondant ta furie
Fidéle à mes fermens, perfide à ma patrie,
Conduisant *Nonnius* à cet affreux trépas,
Et pour mieux l'égorger le pressant dans mes bras,
J'ai présenté sa tête à ta main sanguinaire.

(*Tandis qu'Aurélie parle au bout du théatre,
Ciceron est assis plongé dans la douleur.*)

Murs, sacrés Dieux! vangeurs, Sénat, manes d'un
 pére,
Romains, voilà l'époux dont j'ai suivi la loi;
Voilà votre ennemi... perfide, imite moi.

(*elle se frappe.*)

CATILINA.

Où suis-je, malheureux?

CATON.

O jour épouvantable!

CICERON *se levant.*

Jour trop digne en effet d'un siécle si coupable!

AURELLE.

Je devais... un billet remis entre vos mains...
Consul... de tous côtés je vois vos assassins...
Je me meurs...

(*on emmène Aurélie.*)

CICERON.

S'il se peut qu'on la secoure, *Aufide*;

Qu'on cherche cet écrit. En eft-ce affez, perfide ?
Sénateurs vous tremblez, vous ne vous joignez pas,
Pour vanger tant de fang, & tant d'affaffinats ?
Il vous impofe encor. Vous laiffez impunie
La mort de *Nonnius* & celle d'*Aurélie* ?

CATILINA.

Va, toi même as tout fait ; c'eft ton inimitié,
Qui me rend dans ma rage un objet de pitié :
Toi, dont l'ambition de la mienne rivale,
Dont la fortune heureufe à mes deftins fatale
M'entraina dans l'abime où tu me vois plongé.
Tu caufas mes fureurs, mes fureurs t'ont vangé.
J'ai haï ton génie, & Rome qui l'adore,
J'ai voulu ta ruine & je la veux encore.
Je vangerai fur toi tout ce que j'ai perdu :
Ton fang païra ce fang à tes yeux répandu :
Meurs en craignant la mort, meurs de la mort
    d'un traitre ;
D'un efclave échapé qui fait punir fon maitre ;
Que tes membres fanglans dans ta tribune épars
Des inconftans Romains repaiffent les regards.
Voilà ce qu'en partant ma douleur & ma rage
Dans ces lieux abhorrés te laiffent pour préfage ;
C'eft le fort qui t'attend & qui va s'accomplir,
C'eft l'efprit qui me refte, & je cours le rem-
    plir.

CICERON.

Qu'on faififfe ce traitre.

CETHEGUS.

En as-tu la puissance?

SURA.

Oses-tu prononcer quand le Sénat balance?

CATILINA.

La guerre est déclarée, amis suivez mes pas.
C'en est fait, le signal vous appelle aux combats.
Vous, Sénat incertain qui venez de m'entendre,
Choisissez à loisir le parti qu'il faut prendre.

(*il sort avec quelques Sénateurs de son parti.*)

CICERON.

Eh bien, choisissez donc, vainqueurs de l'Univers ;
De commander au monde, ou de porter des fers.
O grandeur des Romains, ô Majesté flétrie !
Sur le bord du tombeau réveille toi patrie.
Lucullus, *Muréna*, *César* même, écoutez :
Rome demande un chef en ces calamités ;
Gardons l'égalité pour des tems plus tranquilles :
Les Gaulois sont dans Rome, il vous faut des *Ca-*
    milles.
Il faut un dictateur, un vangeur, un apui.
Qu'on nomme le plus digne & je marche sous lui.

SCENE VII.

LE SENAT, LE CHEF DES LICTEURS.

LE CHEF DES LICTEURS.

SEigneur, en secourant la mourante *Aurélie*,
Que nos soins vainemens rappellaient à la vie,
J'ai trouvé ce billet par son pére adressé.

CICERON *en lisant.*

Quoi, d'un danger plus grand l'Etat est menacé !
,, *César qui nous trahit, veut enlever* Préneste !
Vous *César*, vous trempiez dans ce complot funeste !
Lisez, mettez le comble à des malheurs si grands.
César, étiez-vous fait pour servir des tyrans ?

CESAR.

J'ai lu, je suis Romain, notre perte s'anonce,
Le danger croit, j'y vole, & voilà ma réponse.
(*il sort.*)

CATON.

Sa réponse est douteuse, il est trop leur apui.

CICERON.

Marchons, servons l'Etat contre eux & contre lui.
(*à une partie des Sénateurs.*)
Vous, si les derniers cris d'*Aurelie* expirante,
Ceux du monde ébranlé, ceux de *Rome* sanglante

E

Ont réveillé dans vous l'efprit de vos ayeux;
Courez au Capitole & défendez vos Dieux,
Du fier *Catilina* foutenez les approches.
Je ne vous ferai point d'inutiles reproches
D'avoir pû balancer entre ce monftre & moi.
(*d'autres Sénateurs.*)

Vous Sénateurs blanchis dans l'amour de la loi,
Nommez un chef enfin pour n'avoir point de
    maitres.
Amis de la vertu, feparez vous des traitres.

(*les Sénateurs fe féparent de* Céthégus *et de* Lentulus-
Sura.)

Point d'efprit de parti, de fentimens jaloux!
C'eft par là que jadis *Sylla* régna fur nous.
Je vole en tous les lieux où vos dangers m'appellent;
Où de l'embrafement les flames étincélent.
Dieux, animez ma voix, mon courage & mon bras;
Et fauvez les Romains, duffent-ils être ingrats.

Fin du quatriéme Acte.

ACTE V.

SCENE I.

CATON & *une partie des Sénateurs debout en habit de guerre.*

CLODIUS à CATON.

Quoi ! lorsque défendant cette enceinte sacrée,
A peine aux factieux nous en fermons l'entrée,
Quand partout le Sénat s'exposant au danger,
Aux ordres d'un Samnite a daigné se ranger ;
Cet altier plebeien nous outrage & nous brave :
Il sert un peuple libre, & le traite en esclave !
Un pouvoir passager est à peine en ses mains,
Il ose en abuser, & contre des Romains !
Contre ceux dont le sang a coulé dans la guerre !
Les cachots sont remplis des vainqueurs de la terre,
Et cet homme inconnu, ce fils heureux du sort,
Condanne insolemment ses maitres à la mort.
Catilina pour nous serait moins tyrannique.
On ne le verrait point flétrir la République.
Je partage avec vous les malheurs de l'Etat ;
Mais je ne peux souffrir la honte du Sénat.

CATON.

La honte, *Clodius*, n'est que dans vos murmures.

Allez de vos amis déplorer les injures.
Mais fachez que le fang de nos Patriciens,
Ce fang des *Céthégus* & des *Corneliens*,
Ce fang fi précieux, quand il devient coupable,
Devient le plus abject & le plus condannable.
Regrettez, refpectez ceux qui nous ont trahis ;
On les mene à la mort, & c'eft par mon avis.
Celui qui vous fauva, les condanne au fupplice.
De quoi vous plaignez-vous ? eft-ce de fa juftice ?
Eft-ce elle qui produit cet indigne courroux ?
En craignez-vous la fuite & la méritez-vous ?
Quand vous devez la vie aux foins de ce grand homme,
Vous ofez l'accufer d'avoir trop fait pour *Rome* !
Murmurez, mais tremblez. La mort eft fur vos pas.
Il n'eft pas encor tems de devenir ingrats.
On a dans les périls de la reconnoiffance.
Et c'eft le tems du moins d'avoir de la prudence.
Catilina parait jufqu'aux pieds du rempart ;
On ne fait point encor quel parti prend *Céfar*;
S'il veut ou conferver ou perdre la patrie.
Ciceron agit feul & feul fe facrifie :
Et vous confiderez, entourés d'ennemis,
Si celui qui vous fert vous a trop bien fervis.

CLODIUS.

Caton plus implacable encor que magnanime,
Aime les châtimens plus qu'il ne hait le crime.

Respectez le Sénat, ne lui reprochez rien.
Vous parlez en censeur, il nous faut un soutien.
Quand la guerre s'allume & quand *Rome* est en
    cendre,
Les Edits d'un Consul pourront ils nous défendre ?
N'a-t-il contre une armée & des conspirateurs
Que l'orgueil des faisceaux & les mains des lic-
    teurs ?
Vous parlez de dangers ? pensez-vous nous instruire
Que ce peuple insensé s'obstine à se détruire ?
Vous redoutez *César*; eh qui n'est informé
Combien *Catilina* de *César* fut aimé ?
Dans le péril pressant qui croist & nous obsede
Vous montrez tous nos maux : montrez-vous le re-
    méde ?

CATON.

Oui, j'ose conseiller, esprit fier & jaloux,
Que l'on veille à la fois sur *César* & sur vous.
Je conseillerais plus ; mais voici votre pére.

SCENE II.

CICERON, CATON, UNE PARTIE DES SENATEURS.

CATON (à Ciceron)

Vien, tu vois des ingrats. Mais *Rome* te défere
   Les noms, les facrés noms de pére & de
   vangeur,
Et l'envie à tes pieds t'admire avec terreur.

CICERON.

Romains, j'aime la gloire & ne veux point m'en
   taire.
Des travaux des humains c'eft le digne falaire.
Sénat, en vous fervant il la faut acheter.
Qui n'ofe la vouloir, n'ofe la mériter.
Si j'applique à vos maux une main falutaire,
Ce que j'ai fait eft peu, voions ce qu'il faut faire.
Le fang coulait dans *Rome* : ennemis, Citoïens,
Gladiateurs, foldats, Chevaliers, plébeïens,
Etalaient à mes yeux la déplorable image
Et d'une ville en cendre & d'un champ de carnage.
La flame s'élançant de cent toits dévorés,
Dans l'horreur du combat guidait les conjurés.
Céthégus & *Sura* s'avançaient à leur tête.
Ma main les a faifis, leur jufte mort eft prête.
Mais quand j'étouffe l'hydre, il renait en cent lieux;

Il faut fendre partout les flots des factieux.
Tantôt *Catilina*, tantôt *Rome* l'emporte,
Il marche au Quirinal, il s'avance à la porte,
Et là, sur des amas de mourants & de morts
Aiant fait à mes yeux d'incroiables efforts,
Il se fraie un passage, il vole à son armée,
J'ai peine à rassurer *Rome* entiére alarmée.
Antoine qui s'oppose au fier *Catilina*,
A tous ces vétérans agguerris sous *Sylla*,
Antoine que poursuit notre mauvais génie,
Par un coup imprévu voit sa force affaiblie,
Et son corps accablé désormais sans vigueur
Sert mal en ces momens les soins de son grand
    cœur.
Pétreïus étonné vainement le seconde ;
Ainsi de tous côtés la maîtresse du monde
Assiégée au déhors, embrasée au dedans,
Est cent fois en un jour à ses derniers momens.

CRASSUS.

Que fait *César* ?

CICERON.

    Il a dans ce jour mémorable
Déploié, je l'avouë, un courage indomptable ;
Mais *Rome* exigeait plus d'un cœur tel que le sien.
Il n'est pas criminel, il n'est pas Citoien.
Je l'ai vû dissiper les plus hardis rebelles.
Mais bientôt ménageant des Romains infideles,
Il s'efforçait de plaire aux esprits égarés,

F iiij

Aux peuples, aux soldats, & même aux conjurés,
Dans le péril horrible où *Rome* était en proie,
Son front laissait briller une secrette joie.
Sa voix d'un peuple entier sollicitant l'amour,
Semblait inviter *Rome* à le servir un jour.
D'un trop coupable sang sa main était avare.

CATON.

Je vois avec horreur tout ce qu'il nous prépare.
Je le redis encor & veux le publier ;
De *César* en tout tems il faut se défier.

SCENE III.

LE SENAT, CESAR.

CESAR.

EH bien, dans ce Sénat trop prêt à se détruire,
La vertu de *Caton* cherche encor à me nuire.
De quoi m'accuse-t-il ?

CATON.

D'aimer *Catilina*,
De l'avoir protégé lorsqu'on le soupçonna,
De ménager encor ceux qu'on pouvait abattre,
De leur avoir parlé quand il fallait combattre.

CESAR.

Un tel sang n'est pas fait pour teindre mes lauriers.

Je parle aux Citoiens, je combats les guerriers.

CATON.

Mais tous ces conjurés, ce peuple de coupables
Que sont-ils à vos yeux ?

CESAR.

Des mortels méprisables,
A ma voix, à mes coups ils n'ont pu résister.
Qui se soumet à moi n'a rien à redouter.
C'est maintenant qu'on donne un combat véritable.
Des soldats de *Sylla* l'élite redoutable
Est sous un chef habile & qui se sait vanger.
Voici le vrai moment où *Rome* est en danger ;
Pétreius est blessé, *Catilina* s'avance,
Le soldat sous les murs est à peine en défense ;
Les guerriers de *Sylla* font trembler les Romains ;
Qu'ordonnez-vous, Consul, & quels sont vos desseins ?

CICERON.

Les voici : que le ciel m'entende & les couronne !
Vous avez mérité que *Rome* vous soupçonne.
Je veux laver l'affront, dont vous êtes chargé ;
Je veux qu'avec l'Etat votre honneur soit vangé.
Au salut des Romains je vous crois nécessaire ;
Je vous connais ; je sai ce que vous pouvez faire ;
Je sai quels intérets vous peuvent éblouir :
César veut commander, mais il ne peut trahir.
Vous êtes dangereux, vous êtes magnanime.

En me plaignant de vous je vous dois mon estime.
Partez ; justifiez l'honneur que je vous fais.
Le monde entier sur vous a les yeux désormais.
Secondez *Pétreius* & délivrez l'Empire.
Méritez que *Caton* vous aime & vous admire.
Dans l'art des *Scipions* vous n'avez qu'un rival.
Nous avons des guerriers, il faut un Général.
Vous l'êtes, c'est sur vous que mon espoir se fonde.
César, entre vos mains je mets le sort du monde.

CESAR, (*en l'embrassant.*)

Cicéron à *César* a dû se confier ;
Je vais mourir, Seigneur, ou vous justifier.
(*il sort.*)

CATON.

De son ambition vons allumez les flammes !

CICERON.

Va, c'est ainsi qu'on traite avec les grandes ames !
Je l'enchaine à l'Etat en me fiant à lui.
Ma générosité le rendra notre appui.
Aprens à distinguer l'ambitieux du traitre.
S'il n'est pas vertueux, ma voix le force à l'être.
Un courage indompté dans le cœur des mortels
Fait ou les grands héros, ou les grands criminels.
Qui du crime à la terre a donné les exemples
S'il eût aimé la gloire, eût mérité des temples.
Catilina lui même à tant d'horreur instruit
Eût été Scipion si je l'avais conduit.

TRAGEDIE.

Je réponds de *Céfar*, il eft l'appui de *Rome*.
J'y vois plus d'un *Sylla* ; mais j'y vois un grand homme.

(*Se tournant vers le chef des Licteurs, qui entre en armes.*)

Eh bien, les conjurés ?

LE CHEF DES LICTEURS.

Seigneur, ils font punis:
Mais leur fang a produit de nouveaux ennemis.
C'eſt le feu de l'Etna qui couvait fous la cendre ;
Un tremblement de plus va partout le répandre ;
Et ſi de *Pétreïus* le fuccès eſt douteux,
Ces murs font embrafés, vous tombez avec eux.
Un nouvel *Annibal* nous aſſiége & nous preſſe ;
D'autant plus redoutable en fa cruelle adreſſe,
Que juſqu'au fein de *Rome* & parmi fes enfans
En creufant vos tombeaux il a des partifans.
On parle en fa faveur dans *Rome* qu'il ruïne,
Il l'attaque au dehors, au dedans il domine ;
Tout fon génie y régne, & cent coupables voix
S'élévent contre vous & condannent vos loix.
Les plaintes des ingrats & les clameurs des traitres
Réclament contre vous les droits de nos ancêtres,
Redemandent le fang répandu par vos mains :
On parle de punir le vangeur des Romains.

CLODIUS.

Vos égaux après tout que vous deviez entendre,
Par vous feul condannés, n'aiant pû fe défendre,

Semblent autoriser...

CICERON.

Cladius, arrêtez.
Renfermez votre envie & vos témérités.
Ma puissance absoluë est de peu de durée,
Mais tant qu'elle subsiste, elle sera sacrée.
Vous aurez tout le tems de me persécuter ;
Mais quand le péril dure il faut me respecter.
Je connais l'inconstance aux humains ordinaire.
J'attens sans m'ébranler les retours du vulgaire.
Scipion accusé sur des prétextes vains,
Remercia les Dieux & quitta les Romains.
Je puis en quelque chose imiter ce grand homme.
Je rendrai grace au ciel & resterai dans *Rome*.
A l'Etat malgré vous j'ai consacré mes jours ;
Et toujours envié je servirai toujours.

CATON.

Permettez que dans *Rome* encor je me présente,
Que j'aille intimider une foule insolente,
Que je vole au rempart, que du moins mon aspect
Contienne encor *César* qui m'est toujours suspect,
Et si dans ce grand jour la fortune contraire...

CICERON.

Caton, votre présence est ici nécessaire.
Mes ordres sont donnés, *César* est au combat ;
Caton de la vertu doit l'éxemple au Sénat.
Il en doit soutenir la grandeur expirante.

Restez...je vois *César*, & *Rome* est triomphante.
Ah! c'est donc par vos mains que l'Etat soutenu...
(*Il court au devant de César.*)

CÉSAR.

Je l'ai servi peut-être; & vous m'aviez connu.
Pétréius est couvert d'une immortelle gloire;
Le courage & l'adresse ont fixé la victoire.
Nous n'avons combattu sous ce sacré rempart,
Que pour ne rien laisser au pouvoir du hazard,
Que pour mieux enflamer des ames héroïques,
A l'aspect imposant de leurs dieux domestiques.
Métellus, *Muréna*, les braves *Scipions*
Ont soutenu le poids de leurs augustes noms.
Ils ont aux yeux de *Rome* étalé le courage,
Qui subjugua l'Asie & détruisit *Carthage*.
Tous sont de la patrie & l'honneur & l'appui.
Permettez que *César* ne parle point de lui.

   Les soldats de *Sylla* renversés sur la terre
Semblent braver la mort & défier la guerre:
De tant de nations ces tristes conquérans
Menacent *Rome* encor de leurs yeux expirans.
Si de pareils guerriers la valeur nous seconde
Nous mettrons sous nos loix ce qui reste du monde
Mais il est, grace au ciel, encor de plus grands
    cœurs,
Des héros plus choisis, & ce sont leurs vainqueurs.
Catilina terrible au milieu du carnage,

Entouré d'ennemis immolés à sa rage,
Sanglant, couvert de traits & combattant toujours,
Dans nos rangs éclaircis à terminé ses jours.
Sur des morts entassés l'effroi de *Rome* expire.
Romain je le condanne, & soldat je l'admire.
J'aimai *Catilina*; mais vous voiez mon cœur;
Jugez si l'amitié l'emporte sur l'honneur.

CICERON.

Tu n'as point démenti mes vœux & mon estime.
Va, conserve à jamais cet esprit magnanime,
Que *Rome* admire en toi son éternel soutien !
Grands Dieux ! que ce héros soit toujours Citoien.
Dieux ! ne corrompez pas cette ame généreuse ;
Et que tant de vertu ne soit pas dangereuse.

Fiu du cinquiéme Acte.

www.ingramcontent.com/pod-product-compliance
Lightning Source LLC
LaVergne TN
LVHW052103090426
835512LV00035B/960